LOS FUNDAMENTOS DE LA BLOCKCHAIN

UNA GUÍA NO TÉCNICA DE CRIPTOMONEDAS PARA PRINCIPIANTES

PEDRO SANCHEZ

ÍNDICE

* * *

En primer lugar, me gustaría agradecerle que haya dado el primer paso de confiar en mí y haya decidido comprar/leer este Libro que transforma la vida. Gracias por gastar su tiempo y recursos en este material.

Puedo asegurarte resultados exactos si sigues diligentemente el plan exacto que expongo en el manual de información que estás leyendo. Ha transformado vidas, y creo firmemente que también transformará su propia vida.

Toda la información que he presentado en este artículo de "Hágalo usted mismo" es fácil de digerir y practicar.

EL AUGE DE LAS CRIPTODIVISAS

Lo básico Desde 2009, ha surgido un nuevo método de pago. La creación de Bitcoin, el primer sistema de pago descentralizado entre pares, condujo a la creación de un nuevo conjunto de servicios de pago, denominados colectivamente "criptodivisas". Estas monedas digitales no son creadas ni avaladas por ningún gobierno, y ningún usuario tiene un control total sobre ellas.

La tecnología que hay detrás de las criptomonedas: blockchain para principiantes Aunque pueda sonar complejo y lejano para algunas personas, las criptomonedas prosperan en esta era moderna. En consecuencia, no todo el mundo está de acuerdo con la moneda virtual y su seguimiento; los seres humanos son naturalmente escépticos y tienden a rechazar todo lo nuevo en primer lugar. Sin embargo, dado que se trata de un concepto relativamente reciente, seguramente hay mucho tiempo para que las masas se informen y se unan rápidamente a esta extraordinaria evolución.

El fondo de este activo se basa en un software que funciona con el apoyo de los individuos que lo utilizan. Se alimenta de un código llamado blockchain, que consiste en todas las transacciones realizadas, almacenadas cronológicamente en bloques que se encadenan, de ahí su nombre. Estas transacciones quedan registradas eternamente. La idea de la misma, explicada por su creador, es realizar las transacciones directamente sin la intervención de un tercero. Se trata de una base de datos con toda la información recogida electrónicamente. Primero se registra la transacción y luego se transmite para comprobar su validez. Si se comprueba que es legítima, las transacciones se agrupan en bloques que se unen de forma permanente. Finalmente, la transacción se completa. Una vez registrados los datos, no se pueden modificar. Este factor dificulta mucho el hackeo, ya que alterar un bloque requiere alterar el resto de la cadena, considerando que el bloque modificado es inmediatamente inválido y romperá la cadena de información.

Aunque tiene algunas desventajas, el beneficio de usar esta tecnología prevalece. Blockchain funciona como una red descentralizada, lo que significa que no hay un titular de poder central, y cada decisión se toma en base a un acuerdo general. De este modo, se reducen las comisiones que se pagarían a un banco, por ejemplo. Cualquiera puede tener acceso, especialmente aquellas personas que no tienen una cuenta bancaria o un lugar seguro para guardar su dinero. Además, estas transacciones son totalmente transparentes. Incluso se pueden proponer mejoras en el código, que los usuarios considerarán positivamente.

La historia de la criptodivisa: pasado y presente Para comprender plenamente la criptodivisa y su definición, hay que conocer su historia. Aunque cuando la gente piensa en cripto, lo primero que se les viene a la cabeza es Bitcoin; éste no es el primer intento de moneda digital. Se puede decir que es el primero que tiene éxito de entre muchos intentos. Fundamentalmente, la criptodivisa se describe como un medio basado en Internet en el que las personas pueden realizar transacciones financieras. El primer golpe inicial puede rastrearse hasta David Chaum, que jugó con el dinero digital. Se suele decir que DigiCash es el precursor de las monedas que se utilizan actualmente. Creó los "ciberdólares", que la gente podía utilizar en Internet a cambio de algunos bienes. DigiCash autorizaba una compra segura y privada con la ayuda de claves privadas utilizadas para completar la transacción. Sin embargo, dependía del gobierno y de los bancos, ya que inicialmente había que convertir el dinero de la cuenta bancaria en ciberbucks. Una de sus principales diferencias era que la gente podía utilizarlo para cosas cotidianas; por tanto, permitía realizar pequeñas transacciones. A pesar de su fracaso, DigiCash es la base de todos los siguientes medios de intercambio online.

Inspirado en este tipo de sistema, se fundó PayPal, cuyo nombre principal es Confinity. Al aprobar las compras a través de la web, PayPal sigue siendo el más eficiente, el epicentro del servicio de pago en todo el mundo. Después de que eBay se hiciera con él, PayPal se convirtió en el método de pago exclusivo para todos sus usuarios. Más tarde, como empresa en crecimiento, atrajo a otros asociados en el negocio, incluso a uno de los mayores competidores,

Venmo, que ahora como auxiliar de PayPal está en su nivel más alto. Más que eso, PayPal anunció que pronto sería posible para su clientela comerciar con criptodivisas, con el apoyo de la red de pagos de Venmo.

Es natural que mencionemos B-money entre este software, aunque nunca se haya lanzado. Wai Dai, el fundador, publicó un artículo con el diseño de la moneda y sus componentes, que tienen un notable parecido con las últimas monedas utilizadas, predominando la similitud con la tecnología blockchain. De hecho, el creador de Bitcoin acreditó a Wai por su contribución en su ensayo cuando publicó su idea.

Por lo tanto, como se desprende de lo escrito anteriormente, todos los intentos son prácticamente elementos clave de la evolución de las criptomonedas. Hoy en día, el uso de las criptodivisas está ciertamente más extendido a pesar de que monedas como Bitcoin y Etherium son bastante volátiles. Por mucho que sea difícil determinar si las criptodivisas sufrirán una caída o una subida, es seguro decir que seguirán existiendo durante un tiempo más. La tecnología Blockchain se ha extendido notablemente en muchas otras industrias. Probablemente seguirá creciendo, dejando que los gobiernos avancen en sus medidas para establecer la mejor manera de gestionar y promover los tokens digitales.

Los múltiples usos de las criptodivisas Uno de los principales pensamientos que tiene la gente sobre las criptodivisas es cómo pueden utilizarlas adecuadamente. Admitiendo que no está ampliamente aceptada como método de pago, hay algunos lugares en los que se pueden utilizar. Bastantes empresas han elaborado métodos para introducir el servicio de cripto para vender productos. Por ejemplo, puede adquirir videojuegos o comprar tarjetas de regalo con Bitcoin. O puede compensar sus facturas a través de BitPay, que es un proveedor de servicios de Bitcoin. Dado que el cripto es cada vez más reconocido como moneda, muchos hoteles y restaurantes de todo el mundo lo aceptan como método de pago. Algunas organizaciones benéficas como la Fundación Wikimedia también aprueban la criptodivisa. Incluso si algunas empresas no aceptan el cripto, podrían hacerlo funcionar fácilmente si lo reconsideran.

Hablando de utilidad, se pueden transmitir y recibir transacciones a través de la criptodivisa tan rápidamente como un guiño, por no hablar de las tarifas extremadamente reducidas. Además, la cantidad de dinero no afecta a la velocidad. Mientras tanto, si se hubiera ido por la vía regular, utilizando un banco, esta transacción tal vez tomaría varios días, y los costos serían claramente más altos. Además, esta moneda autoriza las transacciones "de incógnito". Esto significa que puede transferir la cantidad de dinero que desee a quien quiera sin dar explicaciones a nadie. Al revés, su transacción probablemente se pospondrá mientras el banco averigua la información necesaria.

Los particulares también pueden ganar algo de dinero con la ayuda de las criptomonedas. Este proceso se denomina "yield farming" y representa el almacenamiento de la criptodivisa de uno en un protocolo de préstamo para recoger los dividendos de las tasas de transacción. Comparativamente, cuando alguien pide dinero prestado a un banco, tiene que devolverlo, pero con un interés incluido; en este caso, el titular representa al banco.

Además, nadie puede interferir en su patrimonio, y éste está totalmente asegurado en sus propias manos. Sin embargo, hay muchos ejemplos en los que, como consecuencia de la quiebra, el banco pierde su dinero y el de toda la clientela, especialmente si la suma de dinero es mayor. Para evitar este escenario, puedes guardar tu dinero en una cartera fría u otra opción elegida para guardar ciertas monedas y dormir con la mente despejada.

Los diferentes tipos de criptodivisas Viendo que la tecnología blockchain es un código abierto, cualquier desarrollador puede incluirla para generar algo divergente y hacer un nuevo uso. Así, a día de hoy, existen más de 4.000 criptodivisas diferentes, siendo la más popular el Bitcoin, que se considera la primera criptodivisa descentralizada próspera. A diferencia del dinero fiduciario, el Bitcoin se negocia con la ayuda de bloques enlazados que contienen toda la información registrada sobre cada transacción realizada, conocida como blockchain. Aunque son confidenciales y están aseguradas con claves privadas, cualquiera puede ver las transacciones realizadas en la blockchain. Este tipo de moneda está especialmente indicada para el intercambio internacional; es mucho más rápida y barata que la forma tradicional de las mercancías.

Litecoin fue creado como una extensión y mejora de Bitcoin. Funciona de la misma manera que Bitcoin, con el único propósito de realizar transacciones más rápidas con tarifas suavizadas si es posible.

La segunda criptomoneda más grande, junto a Bitcoin, es Etherium. De hecho, no es una criptodivisa sino una plataforma asignada que permite a sus usuarios crear aplicaciones basadas en contratos inteligentes. Estos dos son muy similares con una ligera diferencia en la función, lo que significa que Etherium tiene casos de uso adicionales.

Se afirma que Cardano es la primera plataforma blockchain construida a partir de la investigación académica. Un equipo de expertos académicos creó el código. A pesar de que todavía está en su etapa primitiva de desarrollo, se puede mencionar que el blockchain de Cardano es más competente que el de Etherium.

Stellar es un protocolo de pago, también basado en tecnología descentralizada. La moneda digital se llama Stellar Lumen, que capacita el funcionamiento de esta red. El mecanismo de consenso de Stellar alivia el proceso de transacción.

Como todas las anteriores, Tether es una moneda digital de blockchain; sin embargo, es la única vinculada a la moneda fiduciaria. Por eso también se la denomina "stablecoin". Ha habido una discusión cuestionable con respecto a esta cuestión desde que se declaró que no está respaldada al 100% por dinero fiduciario. En este momento, hay cuatro tipos de Tether asegurados con el dólar estadounidense, el euro, el yuan chino y una onza de oro por token.

¿Cuál es la mejor manera de empezar a participar?

Antes de involucrarse y comenzar a invertir en criptodivisas, es necesario investigar adecuadamente y familiarizarse con estas gigantescas plataformas. La gente suele sentirse atraída por ella debido al vínculo directo entre el comprador y el vendedor, los bancos excluidos; puedes utilizar esta moneda de forma anónima y finalmente aumentar su valor.

Es recomendable que decidas con antelación la cantidad de dinero que estarías dispuesto a invertir en cripto. Tenga en cuenta que estas monedas digitales son muy fluctuantes, por lo que debe estar preparado para los riesgos. Es aconsejable empezar con una pequeña cantidad o fraccionar su inversión. De esta manera, estarás más protegido y quizás más cerca de la prosperidad. De todos modos, debe establecer su mentalidad correcta antes de comprometerse con la criptodivisa y saber que la paciencia debe ocupar un gran porcentaje.

Además, deberá distinguir las criptomonedas de las inversiones, ya que no fueron creadas para invertir. Aunque la mayoría de los comerciantes no aceptan las cripto como método de pago, están diseñadas para establecerse como medio de intercambio. En este momento, todavía es imprevisible si esto cambia en el futuro.

A continuación, debe decidir la selección de la criptodivisa. La mayoría de la gente elige Bitcoin, ya que es la más popular. Aunque Bitcoin sigue siendo la más destacada, bastantes monedas han progresado más en el último año. Aun así, su capital debería dirigirse a Bitcoin, para empezar. Como ventaja, podría invertir pequeñas inversiones en varias monedas diferentes. Todo es posible;

nunca se sabe.

Para comprar criptodivisas, hay que elegir una plataforma que venda. Hay muchas y la elección debe recaer estrictamente en la que más se adapte a tus necesidades y preferencias.

Una vez comprada la criptomoneda seleccionada, se debe elegir una opción para almacenarla. De nuevo, hay muchas alternativas que se discutirán más adelante. Lo más importante que debes recordar es que una gran cantidad de dinero debe guardarse en una cartera offline que no esté conectada a Internet.

En consecuencia, el último paso es proteger sus pertenencias. Para conseguirlo, puedes utilizar una Red Privada Virtual que cifrará tus transacciones. Esto hace más difícil el hackeo, y teniendo en cuenta que hace que sus transacciones sean anónimas.

Después de completar todas las tareas, has preparado oficialmente el camino para tu viaje en criptodivisas; ¡prepárate para ello!

¿Necesitas un gran ingreso para comerciar con cripto, o cómo empezar con un pequeño presupuesto?

Generalmente, un gran número de personas comienzan con un pequeño presupuesto. Puedes invertir la cantidad de dinero que quieras, pero tienes que ser muy cuidadoso y estar dispuesto a asumir las consecuencias si algo sale mal, ya que esta industria no es fiable. No importa lo pequeño que sea tu presupuesto, todas las criptomonedas son accesibles. Simplemente infórmate sobre qué plataforma de intercambio ofrece las menores comisiones, y podrás sobrevivir con una pequeña inversión. Asimismo, debe saber que no tiene que comprar toda la moneda, sino una parte de ella. El Bitcoin, por ejemplo, puede dividirse. De ahí que "un satoshi", que es el nombre de la unidad más pequeña de Bitcoin, sea un buen punto de partida.

Otra forma de actuar es elegir una criptodivisa más barata que el Bitcoin y comprar la pieza completa. Hay algunas monedas, relativamente nuevas en el mercado pero con una progresión de valor de fortuna. Por ejemplo, por sólo 8 dólares, puede comprar EOS, que se cree que es el rival de Ethereum. Como tantas, su principal característica es la finalización de grandes transacciones de forma instantánea. También puedes comprar Cardano, que cuesta aún menos, 1,47 dólares, o Stellar por 0,57 dólares. Hay muchas posibilidades si quieres entrar en este mundo, podrás gestionar recursos más bajos. Principalmente, infórmate de todo y ten en cuenta todos los posibles problemas que puedan surgir antes de decidir qué hacer con tu dinero. Averigüe en qué moneda vale la pena invertir y trate de mantenerse alejado de las situaciones falsas. Suele decirse que el periodo óptimo para invertir en criptomonedas no es en su punto álgido ni cuando el valor está bajando. Hay que seguir su curso y marcar un precio estable y bajo.

Dónde se puede operar con criptodivisas: las plataformas y el mercado Decidir cuál es la mejor plataforma de intercambio de criptodivisas puede ser un proceso desconcertante. Hay algunos elementos imperativos que debes considerar: el nivel de seguridad, las tarifas y, por supuesto, si registra tu activo preferido. Con la evolución del mundo digital, incluido el cripto, hay más ataques de hackers. Este tipo de plataformas son los mayores objetivos. Por ello, debes elegir la más segura y eminente que pueda resistir a los hackers. Por supuesto, puede evitar esta caída trasladando su riqueza a una cartera fría. Además, compruebe principalmente si la moneda elegida está disponible; no querrá dedicar su atención y tiempo a la investigación y volver a empezar más tarde por un descuido. Por último, asegúrese de que va a estar cubierto de liquidez, que es lo más importante para el comercio.

La mejor plataforma para principiantes es Coinbase. Probablemente porque está centrada en Bitcoin, ya que mucha gente invierte primero en Bitcoin, esta plataforma, valorada en aproximadamente 100.000 millones de dólares, acepta tarjetas de crédito, tarjetas de débito y transferencias bancarias. Su seguridad es de alto nivel, pero sus tarifas son elevadas a menos que se utilice Coinbase Pro. También hay que mencionar que su servicio de atención al cliente es deficiente. Aunque tiene más de 45 monedas disponibles, es lento en la adopción de nuevas. eToro puede ofrecer el intercambio a través de la web o la aplicación móvil. Se puede operar con criptomonedas así como con divisas. Se ha asegurado un nombre apreciable entre su competencia. Por otro lado, sólo admite 14 criptomonedas diferentes.

Kraken es un pionero entre estas plataformas. Fue fundada en 2011 y desde entonces ha demostrado ser la plataforma más segura; más del 90% de los depósitos se mantienen fuera de línea. El sitio de Kraken Pro también ofrece algunas herramientas avanzadas que son atractivas para los nuevos usuarios. No tiene una aplicación móvil, y es un poco difícil de usar como plataforma, además de los informes sobre su servicio al cliente.

Gemini comenzó con Bitcoin y Ethereum y progresó después con la disponibilidad de 26 criptodivisas. Su principal precedencia es la protección y la seguridad de sus usuarios; se dice que es una de las plataformas más legítimas, pero también tiene tarifas más altas.

BlockFee está libre de tasas y comisiones, y también permite a sus usuarios ganar intereses por su capital. Sin embargo, no admite muchas divisas y no permite la retirada de fondos de forma indefinida.

Binance también es una opción perfecta para los principiantes; ofrece 200 criptodivisas, pero sólo 80 en Estados Unidos si no se utiliza Binance.us. Además, la seguridad no debería angustiarte si eliges esta plataforma debido a su sistema de protección, Secure Asset Fund for Users (SAFU). La comisión es del 0,1% por transacción.

Cualquiera que sea la alternativa elegida, debería ser elegida exclusivamente para las necesidades de un determinado individuo.

LA REVOLUCIÓN DE LAS CRIPTOMONEDAS

Cómo han cambiado la economía Las criptodivisas han ganado mucha popularidad desde que aparecieron, lo que ha llevado a muchas discusiones sobre las criptodivisas. Principalmente su impacto en la economía fiduciaria, si el dinero fiduciario desaparecerá o si los bancos centrales tradicionales se retirarán. Una cosa se puede presumir con seguridad; la criptodivisa puede potenciar la prosperidad social y económica en todo el mundo al facilitar el camino para que cada individuo tenga la capacidad de acceder a los servicios económicos.

En primer lugar, se han fundado muchas empresas para encargarse de las transferencias de monedas digitales en todo el mundo. La criptomoneda estándar se puede ver como instituciones como esta están creciendo cada día. Esto significa más y más puestos de trabajo cada día. Los ingenieros informáticos y sus profesiones están floreciendo, enriqueciendo así la economía y disminuyendo poco a poco el desempleo en ciertos campos laborales como éste.

Además, esta tecnología es inevitable cuando se trata de países que tienen una moneda inestable. Hay ciertas situaciones en las que, debido a esto, las personas se ven amenazadas de perder sus bienes. Además, un gran porcentaje de los países subdesarrollados no pueden ofrecer cuentas bancarias ni ningún servicio financiero. La mayoría de las veces, estas personas recurren a actividades delictivas, a los llamados "usurpadores" que les prestan dinero. Aun así, la cantidad inicial siempre se paga en exceso debido a los intereses que exigen. Con la ayuda de la criptomoneda, a la que cualquiera puede acceder, se puede poner fin a esto. Estas personas pueden completar las transacciones sin que las autoridades se involucren fácilmente y a un coste bastante bajo. Incluso pueden comerciar con monedas a través de sus teléfonos en algunas plataformas, a nivel internacional. Así, la revolución de la tecnología blockchain ha hecho que todo el mundo esté más unido y acreditado económicamente.

Como es de esperar que ya sepas, cada transacción realizada en la cadena de bloques es transparente y pública, lo que significa que puedes rastrear la que quieras sin importar cuándo se haya completado. Del mismo modo, los datos no pueden ser alterados, lo que indica que es más resistente al fraude. De forma recurrente, los países subdesarrollados tienen una posibilidad razonable de reducir la corrupción, lo que refuerza toda la estructura de sus países. Y al impulsar la economía, el nivel de vida aumenta constantemente.

Al estar descentralizada, la criptomoneda ofrece un comercio mundial; como se ha dicho, el gobierno no está involucrado en la transacción, y ésta sólo tiene lugar entre las dos partes. En consecuencia, los empresarios pueden ahora expandir su negocio más allá de las fronteras para recibir también pagos en otras monedas. Con la ayuda de la tecnología blockchain, las pequeñas empresas pueden extenderse y crecer financieramente también. De hecho, algunas empresas respaldan a África para realizar actividades financieras con otros países europeos o americanos. A medida que la era digital continúa expandiéndose por minutos, la conexión financiera a través de las fronteras se manifiesta más.

La criptomoneda también ha dejado una huella importante en el proceso de crowdfunding. Se trata de un concepto que permite financiar pequeñas empresas de nueva creación que necesitan inversiones para lanzarse. El Bitcoin permite recaudar fondos para todos los proyectos propuestos. En lugar de depender de una sola forma de conseguir capital, se puede utilizar el crowdfunding, que ayudará a descentralizar la operación de financiación al conseguir adeptos por adelantado. Así, con el tiempo, las Ofertas Iniciales de Monedas (ICOs) se convirtieron en la principal práctica de crowdfunding para las start-ups tecnológicas estacionadas.

El sistema de una esfera financiera mundial se apoya en la Sociedad para la Telecomunicación Financiera Interbancaria Mundial. Como sabemos, las transacciones extranjeras obligan a la asistencia de esta organización, así como de los bancos. El punto principal de SWIFT es garantizar una transmisión segura de información a través de las redes para las instituciones económicas. No hay forma de desplazar el dinero fuera de esta gestión. Tradicionalmente, una solicitud tarda hasta varios días en completarse, acompañada de tasas.

En cambio, con las criptomonedas, la situación es muy diferente. La tercera parte, SWFFT y los bancos no son imprescindibles para verificar las transacciones. Pocas de las monedas cobran un par de céntimos como comisión, y al fin y al cabo, la mayoría de ellas son mínimas. Entre otras cosas, el secreto y la privacidad relacionados con este mundo son cautivadores, y la rapidez con la que se realizan estas transacciones es sólo la guinda del pastel. Al eliminar a un tercero de la ecuación, las criptomonedas están causando muchas perturbaciones en el sistema de pagos en general. Uno de los motivos ulteriores para utilizar una política de pagos centralizada es la resolución de frenar la financiación ilícita, las actividades terroristas, etc.

Sin embargo, esta salida se ha endurecido con la criptomoneda, ya que las transacciones o los asociados son altamente elusivos. Los bancos y otras instituciones son impotentes con respecto a esta cuestión. En pocas palabras, la criptodivisa puede hacer tambalear el sistema de la Banca Central, así como remodelar el concepto de dinero.

MINERÍA

El proceso de minar Bitcoin en términos simples significa poner nuevos Bitcoin en circulación, por lo que es una parte crucial del desarrollo y mantenimiento del libro de contabilidad de la cadena de bloques. Se realiza utilizando ordenadores muy complejos, que pueden resolver problemas matemáticos extremadamente complejos.

La minería de criptomonedas es laboriosa, costosa y sólo tiene rendimientos esporádicos. Sin embargo, la minería es atractiva para muchos inversores interesados en la criptodivisa porque los mineros son recompensados por usar la criptodivisa. Esto puede deberse a que los comerciantes ven la minería como un centavo en el paraíso, al igual que los buscadores de oro de California en 1849. Si te gusta la tecnología, ¿por qué no hacerlo?

3.1 Cómo funciona la minería: el proceso técnico en palabras no técnicas La minería es un determinado tipo de método que permite poner en circulación nuevas monedas. Y lo que es más importante, es un elemento crucial para la perseverancia y la progresión del libro mayor de la blockchain. Este proceso se produce con la ayuda de ordenadores altamente desarrollados que tienen que resolver problemas matemáticos excepcionalmente difíciles y enredados.

La minería de criptodivisas es muy parecida a la lotería; intentas adivinar algunos números, y de vez en cuando con mucha suerte aciertas la combinación. La minería tiene un precio elevado, es angustiosa y, de vez en cuando, es rentable. Muchos inversores se dejan cautivar principalmente por esta misma razón, el beneficio de la minería: ergo, las criptomonedas que reciben. Sea como fuere, debes informarte y formarte en todo lo referente a este proceso antes de involucrarte en él. Para tener éxito, estarás obligado a invertir tiempo, dinero y equipo, así que ármate de conocimientos. Así, a través de la agencia de la minería, puedes recolectar monedas sin comprarlas. Esto se consigue gracias a los mineros que trabajan para la verificación de las transacciones, que se construyen en la cadena de bloques. Como se ha dicho anteriormente, no se recompensa a todo el mundo, sólo a los que adivinan la combinación. En este caso, sólo los mineros resuelven el puzzle matemático. Las probabilidades de resolver la secuencia son directamente paralelas a la cantidad de capacidad de minado de la red. Para poner en marcha un equipo de minería, es necesario conseguir una unidad de procesamiento gráfico o un circuito integrado de aplicación. Un rig de minería es un ordenador o máquina explícitamente actualizado por la razón de cumplir con este proceso.

Las personas que se dedican a la minería son asalariadas por sus trabajos como contables, encargándose de las transacciones. En otras palabras, los mineros ejecutan la verificación de las transacciones realizadas. El creador de Bitcoin presentó este concepto para evitar el problema del doble gasto y cuidar la autenticidad del usuario. Lo indicado representa una responsabilidad de gastar la moneda digital más de una vez. Lo pueden hacer fácilmente las personas que conocen suficientemente la tecnología blockchain, ya que se trata de un simple clon de información digital. El dinero fíat, por ejemplo, está libre de riesgos en este campo; una vez que se gasta una determinada cantidad desaparece. Por supuesto, se produce dinero falso, pero es detectable sin problemas. En esencia, esto es lo que hacen los mineros; se aseguran de que las transacciones realizadas sean legítimas.

Cuando los mineros alcanzan 1MB de transacciones de Bitcoin verificables, anotadas como bloques, pasan a estar cualificados para recibir recompensas reunidas como monedas. El máximo de 1MB fue fijado por el fundador, y la adecuación de ese máximo inicial ha suscitado muchos debates a lo largo de los años. Algunos usuarios están convencidos de que la capacidad que puede mantener un bloque debe aumentarse para que pueda acoger más datos. Esto llevaría a la posibilidad de que las transacciones se gestionen y confirmen mucho más rápido.

En adelante, el duro trabajo de verificar la tasa de 1MB de una transacción es sólo la primera parte. No se obtienen monedas como bonificación por hacer sólo esto. Supuestamente, la parte significativa es la cantidad de datos que las transacciones emprenden. Con la vista puesta en el premio, también hay que ser el primer minero que descifre el código, que proporcione la respuesta correcta o la más cercana. Es lo que se conoce como prueba de trabajo, un sistema que implica que sus usuarios lleguen al fondo del problema y priven de la manipulación. Gracias a este mecanismo, el comercio de Bitcoin se puede realizar de forma segura, sin la participación del intermediario.

Pero, como se ha mencionado anteriormente, no es necesario adivinar el número exacto para conseguir una moneda. En realidad, los mineros se esfuerzan por desarrollar un número de 64 dígitos que sea menor que el hash previsto. El hash es una función de Bitcoin que forma parte del algoritmo de bloque utilizado para componer nuevas transacciones. Para llegar a ser dignos de mención, los mineros necesitan tener una alta tasa de hash. Algunas calculadoras pueden ayudarle a determinar esto.

Además de proporcionar dinero a sus mineros, que es principalmente la razón por la que la gente se está involucrando en ella, el papel fundamental de la minería es dispensar nueva criptodivisa en circulación. Los mineros están creando moneda. Hasta este punto, si, hipotéticamente, los mineros desaparecen junto con el proceso de minería, esta red seguirá viva y será útil pero sólo con el número de criptomonedas creadas hasta ese momento. Nunca habrá nuevas monedas, sólo las originales construidas por el creador de Bitcoin.

Ser minero también te dará derecho a votar por posibles cambios sugeridos en la cadena. Como se ha dicho anteriormente, el libro de contabilidad es completamente público, y cualquier ingeniero que lo utilice puede enviar una solicitud para actualizarlo o cambiarlo.

3.2 Tipos de minería Cuando la criptomoneda apareció por primera vez, no mucha gente sabía de qué iba el alboroto, y no todo el mundo estaba interesado en ella. En consecuencia, se decía razonablemente que la minería era pan comido, al igual que el proceso actual. Además, el coste de la minería era increíblemente bajo en comparación con el coste actual, y todos los que querían probarlo podían hacerlo cómodamente. Después surgieron los pools de minería, donde los mineros unificaban su trabajo, lo que permitía acelerar el proceso de creación de un bloque, y después, si conseguían una moneda gratificante, la dividían según el mérito entre todos los miembros del pool. También se crearon equipos especiales que debían ayudar sin esfuerzo en el proceso de minería, tarjetas gráficas, y otras cosas obligatorias para la minería. Lamentablemente, en este momento, no es beneficioso para mí en casa. Por supuesto, aparte de Bitcoin, otras monedas probablemente se mostrará como útil si usted decide trabajar desde casa. Estos métodos son muy similares, y es por eso que usted debe dejar ninguna piedra sin remover antes de decidir sobre la técnica que va a utilizar y qué manera valdría la pena su tiempo y trabajo.

Si quiere obtener beneficios de la minería, debe pensar en tres componentes: el valor de la criptomoneda, el coste de la energía y el capital necesario para el equipo. Para explicarlo mejor, cuando las criptomonedas se introdujeron por primera vez, era posible conseguir monedas todos los días, y los que participaban probablemente sacaban mucho provecho de ello. Con el progreso de esta industria, naturalmente, el precio y la tasa de Bitcoin aumentaron, y el trabajo de los mineros se hizo difícil. Se redujo a la obtención periódica de recompensas, a veces incluso durante más de unos meses. Para tener éxito, es necesario invertir mucho dinero. Para empezar, la minería requiere una enorme cantidad de energía que es costosa.

'Por esta razón, los mineros buscan una solución más barata; se inclinan por encontrar recursos alternativos que tengan una tarifa más baja. Por suerte, estas fuentes más baratas son renovables. Este es también un elemento clave en la controversia construida alrededor de la criptomoneda, la minería, y la cuestión ambiental, que es el efecto que esta tecnología tiene en nuestro medio ambiente y la sociedad. Teniendo en cuenta esto, ahora deberías entender muy claramente por qué la mayoría de la minería se realiza en China. Debido al clima de allí, acompañado de lluvias masivas, las presas hidroeléctricas proporcionan un enorme suministro de energía. Para aprovechar esta situación, la mayoría de los mineros, con la ayuda de diferentes servidores, se enganchan a estas presas hidroeléctricas y ahorran parte del capital que tendrían que entregar de la otra manera. Cuando termina la temporada, los mineros se pasan a otras fuentes. Y por último, pero no menos importante, la influencia de la inconstancia del valor de la criptodivisa. Cuando los precios suben, los mineros ganan capital, pero los mineros sufren grandes pérdidas si bajan.

Se puede elegir varios tipos de minería, sobre todo en relación con el tipo de hardware utilizado con cada uno. Como lo describe su nombre, la minería individual es un trabajo autónomo de un individuo con su propio equipo. Los mineros que se dedican a este tipo no son participantes de determinados pools, por lo que todo el salario de las transacciones realizadas y trabajadas que obtienen les pertenece exclusivamente a ellos. Pero como se dice, nada es gratis. Aunque la ganancia es mayor ya que eres sólo tú el que trabaja, sin repartir; también inviertes individualmente en la maquinaria necesaria para el proceso. Esto será caro, así que prepárate. Se le aconseja que no retenga la inversión en hardware porque el equipo depende de la rapidez de su trabajo. Necesitará una tasa de hash más alta para poner el mayor número posible de respuestas a la secuencia prevista. Y ese es el objetivo de este proceso. Así que se puede concluir que este tipo de minería no será fructífero para todas las criptodivisas, sólo para las relativamente recientes.

Entonces, si no puedes hacerlo solo, puedes unirte a la minería cooperativa en pools. Este tipo de minería fusiona la capacidad de todos los miembros. Es un método frecuente que resulta en la creación más rápida de bloques. Cuando estos mineros alcanzan la secuencia deseada y obtienen monedas, el premio se subdivide en función de su merecimiento. Cada vez más mineros se deciden por esta técnica porque es más probable que consigan ganar cripto. Con el aumento de cripto cada año, la elaboración de la red también aumenta, por lo que es necesario el pooling. Existen pools ya creados en diferentes aplicaciones, pero también puedes crear el tuyo. Estos pools difieren en cuanto a beneficios, por lo que los mineros pueden cambiar de pool cuando lo deseen.

La tercera opción para ti es la minería en la nube. La diferencia con los dos métodos anteriores es que alquilas el hardware y la potencia que necesitas. Como se ha dicho anteriormente, con los dos primeros tipos, el equipo es tu inversión. La minería en la nube es una operación de terceros. En este caso, usted desempeña el papel de inversor, ya que las explotaciones son propiedad de otra persona, que le presta la energía y la maquinaria. Este tipo de minería es un mercado de datos que negocia con la capacidad minera. Pero antes de optar por esta técnica, tenga en cuenta el contrato que le ofrecerán. Algunas de estas empresas proponen contratos a largo plazo, y teniendo en cuenta esto; no podrás retirarte si lo decides. Además, si el valor de la criptomoneda disminuye y no hay prosperidad, podrían terminar el contrato.

Así que después de leer y aprender sobre estos tipos de minería, debes considerar que la opción que elijas debe ser acorde a tus deseos y al capital que estés dispuesto a dedicar.

3.3 ¿Cómo puedes involucrarte en la minería?

Aunque la minería de criptomonedas no siempre es gratificante, la gente ha gravitado hacia ella. Basado en este razonamiento, deberías considerar algunos puntos antes de involucrarte en la minería. Fundamentalmente, no todas las criptomonedas pueden ser minadas, y también la técnica de minería es diferente para cada moneda. Así que con todo esto presentado, es lógico que primero revises los tipos de criptodivisas que son accesibles y decidas el método que te gustaría usar. Por lo general, los principiantes eligen Bitcoin como su objetivo principal; esta cripto es sinónimo de la industria, y muchas personas, cuando se les pregunta sobre este comercio digital, reconocerían el único Bitcoin, tal vez Ethereum, pero eso es todo. De todos modos, como muchas veces se ha mencionado antes, se debe tener en cuenta que los ingresos a través de este cripto son muy diferentes en comparación con hace varios años debido al aumento del número de mineros y las dificultades que trajeron a la resolución de rompecabezas. Por lo tanto, adquirir conocimientos sobre la minería y el tipo de cripto que pretende perseguir es de gran servicio porque, de esta manera, también puede aprender sobre la maquinaria que necesitaría para el proceso. Numerosas criptodivisas exigen un hardware gráfico de primera línea, a diferencia de otras que pueden ser más accesibles en cuanto al equipo de minería; podrías salirte con la tuya gastando menos dinero en ello.

En su mayor parte, usted debe considerar estos tres elementos básicos acerca de comenzar como un minero:

el tipo y concepto de monedero y el hardware y software que vas a utilizar. El primer elemento esencial es el monedero. Después de que supuestamente ganes monedas, necesitarás un lugar para almacenarlas; aquí es donde se introduce el monedero. Es una especie de registro en línea que guarda tu dinero. Tiene la misma función que tu monedero ordinario con la pequeña diferencia de que no lo posees físicamente sino digitalmente. Con el monedero, puedes enviar y recibir divisas. Por supuesto, puedes elegir qué tipo de monedero quieres utilizar. Hay varias opciones: en línea, fuera de línea, una combinación de ambas y otras. Determine el tipo de monedero antes de empezar a minar; es el único orden lógico.

En cuanto al software, usted aprenderá que hay muchas diferencias con varias características. Sin embargo, la mayoría de ellos son gratuitos para bajar, y como se trata de todo lo relacionado con este proceso, debe elegir el que mejor se adapte a sus necesidades.

El tercer elemento más problemático es el hardware, la maquinaria que ayudará a minar esas monedas; el componente más exigente y vital de todo. Si usted apunta a un equipo diseñado explícitamente para la minería, prepárese para ampliar su financiación.

Por otro lado, si no te apetece invertir mucho dinero, puedes recurrir a otras alternativas. Una de ellas es participar en un pool de minería. Este es un grupo unido de mineros que decidieron trabajar juntos unificando su capacidad y luego compartir la ganancia de acuerdo a lo que cada minero proporcionó para el resultado positivo. Esta es una gran manera de ganar para los principiantes, pero también es una desventaja. Compartir las monedas con todos los miembros del pool de minería ralentiza el proceso de sentir un beneficio real de esto. Si no estás haciendo esto como un hobby, reconsidera la elección de este método si es tu ingreso principal. Aunque esta es su mayor oportunidad de prosperidad, necesita ser paciente. Para tener éxito en esto, necesitas seguir constantemente los cambios de esta industria y actualizar tu plan de juego en general.

En términos generales, estos son los pasos que debe dar para involucrarse oportunamente en la minería: En primer lugar, calcula tu presupuesto para la maquinaria necesaria para el trabajo y los gastos de electricidad. Recuerda que el equipamiento depende de la criptomoneda que vayas a minar. A continuación, asegúrese de que el equipo necesario sea el adecuado. Una vez que haya ajustado su hardware, determine qué software va a utilizar. Hay un montón de ellos, y como se dijo anteriormente, la mayoría de ellos son gratuitos. Elija el que más le convenga. Poco después, debes seleccionar el tipo de monedero digital que vas a practicar, y cuando finalices estos puntos, estarás listo para empezar. La minería es una especie de trabajo pasivo, pero asegúrese de llevar un registro.

TODO LO QUE NECESITA SABER SOBRE BITCOIN

4.1 La fundación de Bitcoin La idea de Bitcoin surgió al principio como consecuencia de la crisis financiera que tuvo lugar en 2008 y la dependencia que el mundo entero tiene de los bancos como anfitriones de cada transacción. El creador pretendía crear un sistema de comercio autónomo que no dependiera de los bancos tradicionales; eliminaría a los gobiernos de la ecuación, dejando sólo a las dos partes implicadas en la transacción. Este sistema que presentó funcionaría con un método llamado prueba de trabajo. Su objetivo es operar con la ayuda de los rompecabezas resueltos que se utilizan para completar las transacciones, excluyendo a los bancos centrales. Aquí es donde entra el uso de la tecnología blockchain. A pesar de que Bitcoin es reconocida como la primera criptodivisa, hubo otros intentos anteriores.

Sin embargo, esta moneda fue introducida principalmente a través de un ensayo o papel apoyado por Satoshi Nakamoto. Todavía se desconoce si un grupo de desarrolladores o un solo hombre está detrás de este concepto. La competencia de Bitcoin se estableció para hacer posibles las transacciones gratuitas. Al ser un sistema descentralizado, prometía a sus usuarios la posibilidad de comerciar sin costes. Además, todas las transacciones son públicas; esta tecnología potencia la transparencia. La red realiza su función con la ayuda de personas que se llaman mineros. Estos mineros trabajan en interés del sistema, pero también de ellos mismos. Se encargan de verificar las transacciones que construyen los bloques que componen el libro mayor. De hecho, también son los que crean o extraen nuevas monedas. Los mineros están repartidos por todo el mundo. Quien quiera puede unirse. Por ello, este sistema es realmente difícil de hackear o de utilizar de forma indebida. Esta es probablemente la razón por la que cada vez más gente cree en él en lugar de en los bancos. A pesar de ello, todavía se considera una moneda nueva; su progreso es extraordinario y sin duda seguirá existiendo.

En 2010, Bitcoin se comercializó por primera vez. Una persona cambió 10.000 Bitcoins por una pizza; hasta entonces, nadie los había utilizado, por lo que era imposible elegir un valor monetario para el Bitcoin. Me pregunto cómo se sentirá esta persona ahora.

A medida que esta moneda se populariza y la gente empieza a prestar atención al sector, surge la competencia. Otras monedas aparecen como rivales de Bitcoin. Normalmente se hacen para mejorar Bitcoin, para mejorar las funciones ya establecidas, traer algunos otros activos, mejorar la velocidad, etc. Litecoin fue una de las primeras, y ahora hay más de 4.000 monedas en existencia, junto con más de 1.000 que fracasaron.

Hubo altibajos para el Bitcoin a lo largo de los años, pero lo más importante es que sobrevivió al mercado. Dada la esperada oscilación del precio de esta moneda, la situación actual, bajando después de alcanzar un récord máximo, no es inusual. Sin embargo, sigue siendo la más apreciada de todas las demás y pronto será aceptada como método de pago incluso en PayPal.

4.2 El diseño de Bitcoin: blockchain, unidades y más La estructura de Bitcoin permite separar la moneda en unidades más pequeñas. Las más pequeñas de estas llamadas unidades llevan el nombre de su creador, Satoshi. Un Bitcoin puede dividir hasta 100.000.000 Satoshis. La división de Bitcoin en estas fracciones permite y facilita las transacciones más pequeñas. A pesar de no tener una forma física, se puede dividir en valores más pequeños como toda moneda monetaria. Esta es una de las características más ventajosas de Bitcoin. A través de su capacidad de ser separable, esta moneda hace más de millones de transacciones. Normalmente la moneda digital se divide en dos decimales, pero Bitcoin se divide hasta en 8. El hecho de que se divida en trozos más pequeños también se debe a la cantidad máxima de la moneda y al pago del minero en bloques. Con la ampliación del mundo de las criptomonedas y el auge de las monedas rivales, han surgido otras fracciones de Bitcoin; además de Satoshi. También ha surgido Finney como unidad que lleva el nombre de otro ingeniero de Bitcoin; un Finney son 10 Satoshis. Los miembros de la sociedad Bitcoin han puesto en marcha el uso de otras fracturas, como un bit hecho de 100 Satoshis. También hay un milibit, un centiBitcoin, y un deciBitcoin que son ordenadamente 100.000 Satoshis, 1.000.000 Satoshis, y 10.000.000 Satoshis.

La naturaleza fraccionaria de Bitcoin es un factor que otorga su aceptación porque simplificará un gran surtido de comercio que no sería alcanzable con los métodos de pago convencionales. Todas las monedas prósperas son separables, por lo que para florecer, ésta también debe hacerlo. La adaptabilidad como característica es bastante beneficiosa para la modernización en línea.

De hecho, la enorme extensión de transacciones completadas que el protocolo Bitcoin puede soportar es gracias a esta característica.

La tecnología Blockchain es una estructura que guarda los registros de todas las transacciones completadas realizadas con esta moneda. Sin embargo, antes de que los bloques se añadan al libro de contabilidad, tienen que ser verificados y legitimados. Y para ser autorizados, tienen que pasar por algunas etapas. Lo que hace que este protocolo destaque es su capacidad de operar de forma descentralizada, aunque cada transacción debe ser validada. Esto se resuelve con un par de claves privadas y públicas. Se trata de una especie de PIN que permite conocer a la persona que lo utiliza y entrar en su cuenta o almacén. Cada participante tiene una clave, y para completar una transacción se necesitan las claves del emisor y del receptor. Es como firmar un contrato. Tras su acuerdo, el trabajo aún no está terminado. Antes de añadirse a la cadena, la operación debe ser autorizada por la mayoría de los usuarios mediante consenso. Este mecanismo se conoce como prueba de trabajo, y consiste en que la mayoría de los usuarios de la red obtengan recompensas por decidir si una transacción es legítima. Los usuarios tienen que resolver un rompecabezas para añadir nuevos datos en el blockchain; este proceso también se llama minería.

Es muy importante no confundir y mezclar Bitcoin y blockchain como hace mucha gente. Aunque están estrechamente relacionados, se trata de dos conceptos diferentes. Bitcoin es una moneda digital, y blockchain es una cadena de datos. Mientras que la base de datos es pública y transparente, Bitcoin es anónimo y confidencial. Bitcoin intercambia moneda entre usuarios. Blockchain, en cambio, puede utilizarse para comerciar con todo tipo de cosas. Y por último, Bitcoin puede trabajar y funcionar con el mecanismo de la cadena de bloques, pero la cadena de bloques puede utilizarse para muchos otros asuntos además de Bitcoin.

4.3 La ideología detrás de Bitcoin A medida que esta moneda sigue surgiendo, más inversores se dan cuenta de su crecimiento y progreso y comienzan a inscribirse en este paseo. Sin embargo, aunque la reputación de Bitcoin se ha hecho envidiable a lo largo de todos estos años y sigue destacando como moneda digital, algunas personas no entienden qué es Bitcoin y la ideología que hay detrás.

Realizando su trabajo como una estructura transparente que depende del blockchain, esta moneda es un sistema descentralizado cuyo comercio tiene que ser autorizado por los usuarios a través de la autentificación. Se les llama mineros y se les compensa con monedas por su labor. Más que el avance tecnológico mundial que supuso Bitcoin, su perfil se asemeja al del oro, lo que es una receta para el éxito ya que este metal es una moneda de curso legal imbatible desde hace años.

Ha habido un cierto debate sobre la dirección a la que se dirige Bitcoin en el futuro. Algunos aseguran que para que esta moneda crezca aún más famosa de lo que es, tiene que cortar las conexiones con la filosofía libertaria pero mantener un control sobre la regulación y la tecnología utilizada. Por el contrario, otros plantean que no vale la pena considerar la ruptura de este vínculo porque la existencia de Bitcoin se debe a los valores y creencias libertarias y continúa su superioridad por su apego a otros principios económicos.

A pesar de que Satoshi Nakamoto fue el primer asociado a la formación de Bitcoin y las monedas digitales, esa no es la historia completa. El momento de eureka se originó esencialmente a partir de un movimiento Cyberpunk en la década de 1990. Su iniciativa promovía principios relacionados con la libertad de expresión, el anonimato, la confidencialidad, la escasa presencia del gobierno y muchos más, que pueden reconocerse en la estructura y las características de Bitcoin. Hal Finney fue uno de los participantes en este movimiento y ha contribuido al desarrollo de Bitcoin; incluso consiguió que una unidad llevara su nombre. Además, el grupo propagaba la creación de una estructura anónima, la reclusión en un sistema abierto. Y eso es exactamente lo que Satoshi entregó al mundo con su tecnología.

La interrelación de esta moneda también puede verse con la economía austriaca. Sus atributos y concepto son similares a la "Desnacionalización del dinero" de Friedrich von Hayek. De hecho, la forma de pensar y la noción de las monedas digitales pueden relacionarse con la Escuela Austriaca de Economía. Los representantes de esta teoría promovieron la objeción al dinero fiduciario y a la interferencia del gobierno, que es lo que Bitcoin también representa de alguna manera.

Las personas que apoyaron este punto de vista son las mismas que más tarde sembraron las ideas para el movimiento libertario. Teniendo en cuenta toda esta historia y la coyuntura entre Bitcoin y las ideas de la economía austriaca, no debe extrañar que entre los primeros partidarios de esta tecnología estuvieran los seguidores de la ideología libertaria contemporánea.

. . .

4.4 El estatus legal de Bitcoin A pesar de que casi todos los países se basan exclusivamente en el dinero fiduciario, la moneda digital da un gran giro paso a paso. Se pueden comprar bitcoins con dinero "real" u obtenerlos mediante el procesamiento o la minería, aunque si no se tiene la habilidad específica y no se posee el equipo necesario, este método no es muy conveniente. Se trata de un software que funciona con el apoyo de las personas que lo utilizan. Se alimenta de un código llamado blockchain, que consiste en todas las transacciones realizadas, almacenadas cronológicamente en bloques que se encadenan, de ahí su nombre. Estas transacciones quedan registradas eternamente. La idea de la misma, explicada por su creador que sigue siendo desconocido, es realizar las transacciones directamente sin la intervención de un tercero.

Conseguir bitcoins es una cosa, mientras que almacenarlos y mantenerlos a salvo es un proceso totalmente distinto y separado. Esta es la pregunta más común que se hace, ¿cuál es la mejor forma de almacenar las ganancias? Se guardan en un monedero, pero uno digital que no se puede llevar en el bolsillo. Hay varias alternativas que se ofrecen. Sin embargo, es muy recomendable que te informes bien antes de elegir una y establecer tu nominado de almacenamiento.

Lo fundamental que debes reconocer son las diferentes nociones de monederos calientes y fríos. Las primeras funcionan en línea, conectadas a Internet, y las segundas no. Puedes instalar una aplicación en tu ordenador de sobremesa o en tu teléfono móvil o utilizar una nube online. Los monederos calientes son más fáciles de usar y de operar de forma persistente; abres tu aplicación o accedes a tu nube y estás listo para hacer transacciones, además de ser más asequibles. Sin embargo, se sugiere que almacene un pequeño número de bitcoins para evitar que alguien le arrebate sus ahorros.

Además, debes utilizar tu conexión WIFI privada y no una pública, ya que son más fáciles de hackear. Si eliges alguno de estos monederos, asegúrate de que eres tú el dueño de su clave y no el proveedor del monedero. Teniendo en cuenta que su cuenta de intercambio también está en línea, es aconsejable que traslade inmediatamente sus bitcoins a un almacenamiento seguro después de operar.

Por otro lado, tienes los llamados cold wallets o monederos offline, que son más difíciles de poner en peligro. Uno de los más populares es el monedero de papel; con esta posibilidad puedes imprimir físicamente tu clave en papel. Esto parece una opción muy protegida, pero los monederos de papel también están abiertos a riesgos. Puede perderse, dañarse o, peor aún, ser robada, y no tiene ninguna garantía para su dinero. Los monederos fríos más utilizados son los dispositivos especiales y externos hechos para mantener los bitcoins a salvo, una unidad USB o una pieza especial de hardware. Elegir esta opción es más caro porque estos dispositivos son más valiosos.

Sin embargo, son la posibilidad de almacenamiento más segura. La inestabilidad se reduce, tus bitcoins estarán protegidos de robos en línea o de malware, pero debes colocar tu dispositivo en una caja fuerte. La pérdida de la clave se puede restaurar con la ayuda de su frase semilla, pero si se pierde el hardware, el tema en sí, se pierde todo. Y como se menciona anteriormente, ya que el gobierno no regula esta moneda, no hay garantía para tus fondos, y puedes perder fácilmente el acceso a ellos. Los Bitcoins pueden incluso ser fabricados en físico, pero ten en cuenta que estarás pagando más de su valor ya que previamente necesitan ser producidos.

Sea cual sea la alternativa que elija, el punto fundamental es la seguridad. Asegúrese de establecer un soporte adecuado. Utilice siempre la autenticación de dos factores. Si quieres ir un paso más allá, puedes hacer que te envíen el código a una tarjeta SIM que funcionaría sólo con este fin. Utiliza sin duda un software antivirus y actualízalo habitualmente. Esto hará más difícil el hackeo si tu elección es la cartera caliente. Pero predominantemente, mantén la información sobre el bitcoin bajo tu sombrero. No todo el mundo necesita saber sobre tus inversiones. Esto te convertirá en una diana.

Mucha gente utiliza alternativamente los dos tipos de monederos, el frío para guardar una mayor cantidad de bitcoins y rellenarlos, y el caliente para hacer transacciones diarias ya que son más manejables. Es un consejo muy razonable, además de prudente, si se pretende comerciar. Por contra, para mantener sólo sus ahorros, usted debe ir con la cartera fría. En la búsqueda de la bitcoin y su exploración de almacenamiento, es necesario armarse con el conocimiento adecuado, siendo por su cuenta. Si usted no puede hacer esto por su cuenta, es más que recomendable buscar apoyo y asesoramiento para resolver este proceso.

4.5 Cómo invertir en Bitcoin y cómo gestionar su cartera ¿Está preparado para sumergirse en las criptodivisas?

Estás de suerte porque comprar Bitcoin es más fácil de lo que crees. A continuación vamos a cubrir las cinco formas más sencillas y fáciles de invertir en bitcoin.

1. Únase al intercambio de Bitcoin En primer lugar, debe determinar dónde quiere comprar Bitcoin. La mayoría de los inversores en Bitcoin utilizan las

bolsas de criptomonedas. No hay una empresa oficial de "Bitcoin" porque es una tecnología de código abierto, pero varios intercambios pueden facilitar las transacciones de Bitcoin. Estas bolsas son intermediarios para las inversiones en criptodivisas, al igual que los corredores de bolsa.

Si decide comprar en una bolsa, debe decidir en qué bolsa quiere comprar. Algunas de las opciones más populares son

- Coinbase - Una bolsa de criptodivisas muy popular que puede garantizar las pérdidas en caso de una brecha de seguridad o una transferencia fraudulenta - Binance - Binance se creó en 2017 y es una empresa centrada en altcoins - Kraken: Este exchange con sede en San Francisco permite invertir en Bitcoin utilizando varias monedas de todo el mundo.

- Gemini: Lanzada por Cameron y Tyler Winklevoss en 2015, Gemini es para inversores casuales y experimentados de Bitcoin, con una interfaz de usuario y una estructura de tarifas diferente.

- Bitfinex: El intercambio de criptodivisas más antiguo. Ha sido optimizado para comerciantes y prestamistas avanzados (NOTA: Bitfinex actualmente no acepta clientes de EE.UU.) Como habrás adivinado, cada vez es más difícil para los inversores elegir los intercambios de Bitcoin. Por lo tanto, encuentre todo lo que necesita saber sobre Binance y Coinbase y comience a invertir inmediatamente.

1. Consiga un monedero de Bitcoin Cuando compra una moneda, ésta se almacena en un "monedero", donde se guardan todas sus criptodivisas. Puedes conseguir dos tipos de monederos: "monedero caliente" o "monedero frío".

El "hot wallet" es un monedero operado por su bolsa o proveedor de criptodivisas. Algunos intercambios le proporcionarán un monedero caliente por defecto cuando abra una cuenta. Los monederos en línea también se llaman monederos "calientes". Los monederos activos funcionan en dispositivos conectados a la red, como ordenadores, teléfonos móviles o tabletas. Existe la posibilidad de que esto cree una laguna, ya que estos monederos generarán la clave privada de su moneda en estos dispositivos conectados a la red. Aunque los monederos activos son muy cómodos para acceder a tus activos y utilizarlos para transacciones rápidamente, también carecen de seguridad.

Esto puede sonar exagerado, pero las personas que no utilizan la seguridad suficiente al usar estos monederos activos pueden robar sus fondos. Esta situación no es infrecuente y puede ocurrir de muchas maneras. Por ejemplo, no es aconsejable presumir de la cantidad de bitcoins que tienes en foros públicos como Reddit sin utilizar medidas de seguridad y almacenarlos dentro de monederos activos.

Estos monederos están diseñados para ser utilizados para pequeñas cantidades de criptodivisas. Un monedero activo es muy similar a una cuenta corriente. La sabiduría financiera tradicional diría que sólo el dinero que se gasta se deposita en una cuenta corriente; la mayor parte de su dinero se deposita en una cuenta de ahorros u otra cuenta de inversión. Lo mismo ocurre con los monederos calientes. Los monederos calientes incluyen los monederos móviles, de escritorio, web y la mayoría de los monederos alojados en Exchange.

Hay una gran diferencia que debemos tener en cuenta, y es que tener criptodivisas en una cartera de intercambio es diferente a tenerlas en tu cartera personal. El monedero de intercambio es una cuenta de custodia proporcionada por el intercambio. El usuario de este tipo de cartera no es el propietario de la clave privada de la criptodivisa contenida en esta cartera.

Si un intercambio es hackeado o su cuenta es robada, sus fondos se perderán. Los intercambios de criptodivisas no ofrecen un seguro SIPC o FDIC, por lo que el almacenamiento seguro de las criptodivisas es especialmente importante. La frase "no es tu llave, no es tu moneda" es un concepto recurrente en los foros de criptodivisas. Como se ha mencionado anteriormente, no es aconsejable almacenar grandes cantidades de criptodivisas en ningún monedero activo, especialmente en las cuentas comerciales. En su lugar, se recomienda retirar la mayor parte de sus fondos a su propia cartera personal "fría" (descrita a continuación). Las cuentas de intercambio incluyen Coinbase, Gemini, Binance, etc.

Aunque estas carteras están conectadas a Internet y crean un potencial vector de ataque, siguen siendo útiles para realizar transacciones o intercambiar criptodivisas rápidamente.

Algunos monederos calientes muy conocidos son:

- Electrum, un software que permite almacenar monedas en el ordenador - Mycelium, una aplicación móvil sólo para usuarios de Android y iPhone Los hot wallets no son la forma más segura de almacenamiento, pero para las monedas. En el caso de que el proveedor del monedero caliente sea hackeado, la información de su moneda corre un gran riesgo.

El uso de un monedero frío es, con mucho, la forma más segura de almacenar monedas. Un monedero frío es un hardware real utilizado para almacenar tus monedas, normalmente un dispositivo portátil similar a una unidad flash. El precio de la mayoría de los monederos fríos oscila entre 60 y 100 dólares. Algunos monederos fríos populares son:

- Trezor - Ledger Nano El siguiente monedero, y la opción de almacenamiento más segura, es el monedero frío. La descripción más simple de un monedero frío es un monedero que no está conectado a Internet, por lo que el riesgo de ser hackeado es mucho menor. Estos monederos también se conocen como monederos offline o monederos hardware.

Estos monederos almacenan la dirección y la clave privada del usuario en algo que no está conectado a Internet. Además, generalmente vienen con un software que funciona en paralelo, lo que significa que los usuarios pueden ver sus carteras sin arriesgar sus claves privadas.

Quizás la forma más segura de almacenar criptodivisas fuera de Internet es a través de un monedero de papel. Un monedero de papel es un monedero frío que se puede generar desde algunos sitios web. Entonces generará las claves públicas y privadas que usted imprimirá en una hoja de papel. Sólo cuando tengas ese papel podrás acceder a las criptodivisas en esas direcciones. Muchas personas plastifican estos monederos de papel y los colocan en las cajas fuertes de los bancos o incluso en las cajas fuertes de sus casas. A excepción de un trozo de papel y de la propia blockchain, los monederos de papel no tienen su correspondiente interfaz de usuario. El monedero de hardware suele ser un dispositivo de unidad USB que puede almacenar de forma segura la clave privada del usuario. En comparación con los monederos activos, tiene una clara ventaja, ya que no se ve afectado por los virus que puedan existir en el ordenador personal. Al fin y al cabo, la clave privada nunca entrará en contacto con su ordenador en red o con software potencialmente vulnerable. Estos dispositivos también suelen ser de código abierto, lo que permite a la comunidad determinar su seguridad en lugar de permitir a la empresa declarar que es seguro su uso.

Un monedero frío es la forma más segura de almacenar Bitcoin u otras criptodivisas. Sin embargo, en la mayoría de los casos, requieren más conocimientos para su configuración. Las personas interesadas en poseer criptodivisas deben comprender plenamente los conceptos de almacenamiento seguro y de monederos fríos y calientes.

Si sólo piensa comprar unas pocas monedas, puede utilizar un monedero caliente con un intercambio de criptodivisas seguro. Sin embargo, si quieres comerciar con muchas monedas, la cartera fría valdrá tu inversión.

. . .

1. Conecte su monedero a su cuenta bancaria Después de obtener el monedero, necesita conectarlo a su cuenta bancaria. Esto le permitirá comprar monedas y vender las que haya comprado. O su cuenta bancaria puede estar vinculada a su cuenta de comercio de criptomonedas.

1. Coloque una orden para comprar Bitcoin Ahora puede comprar Bitcoin. Su bolsa de criptodivisas tendrá todo lo que necesita para comprar. La gran pregunta es, ¿cuántos bitcoins debe comprar?

Algunas monedas valen miles de dólares, pero los intercambios normalmente le permiten comprar fracciones de una sola moneda; su inversión inicial puede ser tan baja como 25 dólares.

Invertir en Bitcoin es muy arriesgado. Por ello, antes de comprar cualquier Bitcoin, asegúrese de determinar su tolerancia al riesgo y revise cuidadosamente su estrategia de inversión.

1. Gestione su inversión en Bitcoin Después de comprar Bitcoin, puede:

- Usar su moneda para transacciones en línea - Mantener su moneda durante mucho tiempo, esperando que se aprecie - Usar su moneda también para transacciones diarias. Es decir, comprar y vender monedas con otros propietarios de Bitcoin puede proporcionarle comodidad en el - Intercambio de criptodivisas y su intercambio de criptodivisas le proporcionará todo lo que necesita para comprar y vender monedas.

TODO LO QUE NECESITAS SABER SOBRE ETHEREUM

5.1 Una breve historia de Ethereum Ethereum es una plataforma de blockchain con su propia criptomoneda, llamada Ethereum (ETH) o Ethereum, y su propio lenguaje de programación, llamado Solidity.

Como red blockchain, Ethereum es un libro de contabilidad público descentralizado que se utiliza para verificar y registrar las transacciones. Los usuarios de la red pueden crear, publicar, monetizar y utilizar aplicaciones en la plataforma y utilizar su criptomoneda Ether como pago. Los iniciados se refieren a las aplicaciones descentralizadas en la red como "DApps".

Como criptodivisa, en mayo de 2021, el valor de mercado de Ethereum es el segundo después del Bitcoin.

La razón por la que se creó Ethereum fue para permitir a los desarrolladores crear y publicar contratos inteligentes y aplicaciones distribuidas (conocidas como DApps) que pueden utilizarse sin el riesgo de fraude, interferencia de terceros o tiempo de inactividad.

Ethereum ha sido descrito como "el blockchain programable del mundo". Se diferencia de Bitcoin porque es una red programable que sirve de mercado para diversos servicios financieros y juegos y aplicaciones, todo lo cual se puede pagar en criptomonedas Ether sin estar sujeto a la censura, el ahorro o el fraude.

Un pequeño grupo de entusiastas de la cadena de bloques lanzó Ethereum en julio de 2015. Una de esas personas es Joe Lubin. Es uno de los fundadores de ConsenSys, un desarrollador de aplicaciones blockchain que utiliza la red Ethereum. Otro cofundador es Vitalik Buterin, considerado el iniciador del concepto de Ethereum y que ahora es el director general y la cara pública de la empresa. Buterin es descrito a veces como el multimillonario de criptodivisas más joven del mundo.

La criptomoneda Ether está pensada para ser utilizada en la red Ethereum. Sin embargo, al igual que Bitcoin, Ethereum es ahora un método de pago aceptado por algunos comerciantes y proveedores de servicios. Overstock, Shopify y CheapAir son sitios web que aceptan pagos en Ether.

Según la investigación de Gartner, los principales competidores de Ethereum que invierten en plataformas de software blockchain son Bitcoin, Ripple, IBM, IOTA, Microsoft, Blockstream, JPMorgan Chase y NEO.

Además, Ether es un competidor del mercado de criptodivisas muy volátil. En mayo de 2021, Ethereum se consideraba la segunda mayor criptodivisa después de Bitcoin. Según Analytics Insight, su valor de mercado se estima en 500 mil millones de dólares estadounidenses, mientras que Bitcoin es de 1,08 billones de dólares estadounidenses.

Ethereum afirma que es la plataforma que puede utilizarse para "cifrar, descentralizar, proteger y comerciar con cualquier cosa". Hay varios proyectos en marcha para probar el concepto.

5.2 Cuál es la diferencia entre Ethereum y Bitcoin Ethereum (ETH) es la criptodivisa de la red Ethereum y es posiblemente el segundo token digital más popular después de Bitcoin (BTC). La comparación entre ambos es natural, ya que Ethereum es la segunda criptodivisa más grande del mundo.

Bitcoin y Ether comparten muchas similitudes: ambas son monedas digitales que se almacenan en varios monederos online o que se utilizan para realizar transacciones online. Ambos tokens están descentralizados, lo que significa que no son emitidos ni regulados por bancos centrales u otras instituciones. Ambas utilizan una tecnología de libro mayor distribuido llamada blockchain. Sin embargo, también hay muchas diferencias importantes entre las dos criptomonedas más populares por capitalización de mercado.

. . .

Aunque los libros de contabilidad distribuidos y los principios criptográficos respaldan las redes de Bitcoin y Ethereum, son muy diferentes técnicamente desde muchos puntos de vista. Por ejemplo, las transacciones en la red Ethereum pueden contener código ejecutable, mientras que los datos adjuntos a las transacciones en la red Bitcoin se utilizan generalmente sólo para tomar notas. Otras diferencias son el tiempo de generación de bloques (las transacciones de Ether se confirman en segundos, frente a los minutos de Bitcoin) y los algoritmos que utilizan (Ethereum usa ethash, mientras que Bitcoin usa SHA256). Sin embargo, los objetivos generales de las redes Bitcoin y Ethereum son muy diferentes. Aunque Bitcoin se creó como alternativa a la moneda nacional y, por tanto, aspira a ser un medio de intercambio y un almacén de valor, Ethereum pretende servir de plataforma para promover contratos y aplicaciones inmutables y programáticos a través de su programa de divisas.

BTC y ETH son monedas digitales, pero el objetivo principal de ETH no es establecerse como un sistema monetario alternativo, sino promover el funcionamiento y la monetización de los contratos inteligentes de Ethereum y las plataformas de aplicaciones descentralizadas (DApp).

Ethereum es otro caso de uso de blockchain que apoya la red Bitcoin, y en teoría, no debería competir con Bitcoin. Sin embargo, la popularidad de Ether hace que compita con todas las criptodivisas, especialmente desde la perspectiva de los operadores. Durante la mayor parte de la historia, desde su lanzamiento a mediados de 2015, Ethereum se ha quedado muy por detrás de Bitcoin en el ranking de las criptodivisas más valiosas por capitalización de mercado. Teniendo esto en cuenta, una nota a tener en cuenta es que el ecosistema de Ethereum es mucho más pequeño que el de Bitcoin: en enero de 2020, el valor de mercado de Ethereum era algo menos de 16.000 millones de dólares, mientras que el valor de mercado de Bitcoin era casi diez veces mayor, 147.000 millones de dólares.

5.3 ¿Cómo funciona Ethereum?

Ethereum tomó prestado en gran medida el protocolo de Bitcoin y su tecnología de cadena de bloques subyacente, pero ajustó la tecnología para soportar aplicaciones distintas de la moneda. En resumen, blockchain es una lista creciente y descentralizada de registros de transacciones. Cada ordenador de la red guarda una copia de la blockchain y es gestionada por voluntarios de cualquier parte del mundo. Esta institución global sustituye al intermediario.

A alto nivel, Ethereum se compone de varias partes clave:

- Contrato inteligente: Las reglas que rigen las condiciones en las que las monedas pueden cambiar de manos.

- Máquina virtual de Ethereum (EVM): La parte de Ethereum que hace cumplir las reglas de Ethereum y asegura que las transacciones enviadas o los contratos inteligentes cumplan con las reglas.

- Ethereum blockchain - La historia completa de Ethereum - cada transacción y llamada de contrato inteligente se almacena en el blockchain.

- Ether - Token de Ethereum, utilizado para realizar transacciones y ejecutar contratos inteligentes en Ethereum.

- Trabajo de prueba - Este es el modelo de consenso de Ethereum, que combina todo el sistema para garantizar que todos los miembros de la red cumplan con las reglas. Sin embargo, se espera que los desarrolladores de Ethereum implementen algunos cambios radicales en los próximos años. Ethereum 2.0 se lanzó el 1 de diciembre de 2020, y actualizará el funcionamiento de Ethereum, especialmente su columna vertebral de pruebas.

Los contratos inteligentes son la base de Ethereum. El contrato inteligente permite codificar las condiciones de movimiento de la moneda dentro de la misma, eliminando así los intermediarios de confianza. Forman parte de cualquier criptodivisa. Por ejemplo, el Bitcoin puede pagarse directamente entre Alice y Bob sin necesidad de que un tercero (como un banco) facilite y supervise la transacción. Antes de la llegada de las criptomonedas, esto era imposible en el comercio online.

Ethereum pretende ampliar los contratos inteligentes abstrayendo el diseño de Bitcoin para que los desarrolladores puedan utilizar la tecnología para algo más que transacciones y ampliar su uso a protocolos con pasos adicionales y nuevas reglas de propiedad. Por ejemplo, los préstamos flash utilizan contratos inteligentes para hacer cumplir una norma según la cual no se prestarán fondos a menos que el prestatario pague.

Algunos servicios de Ethereum, en la línea de Compound, están experimentando con la posibilidad de permitir a los usuarios pedir préstamos a través de contratos inteligentes en lugar de hacerlo con fondos gestionados por la empresa.

Aunque esta flexibilidad de los contratos inteligentes es la principal innovación de Ethereum con respecto a Bitcoin, algunos investigadores y desarrolladores criticaron esta decisión de diseño, por considerar que podría traer más vulnerabilidades de seguridad.

El historial de todos estos contratos inteligentes se almacena en la cadena de bloques de Ethereum. La estructura de la blockchain de Ethereum es similar a la de Bitcoin: es un registro compartido de todo el historial de contratos inteligentes y transacciones.

Cientos de voluntarios de todo el mundo han almacenado una copia de la cadena de bloques completa de Ethereum, que es bastante larga. Esta es una característica que hace que Ethereum esté descentralizado. Cada uno de ellos se llama "nodo" en la red Ethereum. Cada vez que se utiliza un contrato inteligente de Ethereum, es procesado por una red de miles de ordenadores para garantizar que los usuarios siguen las reglas.

Todos estos nodos están conectados. Además de almacenar estos datos, cada nodo de Ethereum sigue las mismas reglas para aceptar transacciones y ejecutar contratos inteligentes.

En comparación con Bitcoin, los nodos de Ethereum almacenan algo más que los detalles de las transacciones. La red necesita hacer un seguimiento del "estado" o información actual de todas estas aplicaciones, incluyendo el saldo de cada usuario, todos los códigos de contratos inteligentes, dónde se almacenan todos los códigos y cualquier cambio realizado.

Cada nodo contiene lo siguiente - Cuenta: cada usuario puede tener una cuenta, que muestra la cantidad de Ether que posee el usuario.

- Código de contrato inteligente: Contrato inteligente de almacenamiento de Ethereum, que describe las reglas que deben seguirse para desbloquear y transferir fondos.

- Estado del contrato inteligente: el estado del contrato inteligente.

Cada nodo de Ethererum también tiene una máquina virtual de Ethereum (EVM) que ejecuta los contratos inteligentes. Todos los nodos se ejecutan de forma sincronizada.

Entonces, la EVM (Máquina Virtual de Ethereum) toma el relevo. Puede ejecutar al menos 140 "opcodes" diferentes. Cada uno de ellos puede realizar tareas específicas, como almacenar datos o sumar números.

Los desarrolladores de contratos inteligentes escritos en un lenguaje de programación legible por humanos no pueden ser leídos por un ordenador. En su lugar, deben ser convertidos a bytecode, un lenguaje que los ordenadores pueden entender pero que es un galimatías para los humanos.

El uso de contratos inteligentes y aplicaciones de Ethereum requiere fondos en forma de Ether, el token nativo de Ethereum. El Ether puede hacer casi cualquier cosa en Ethereum, y cuando se utiliza para ejecutar contratos inteligentes en la red, a menudo se denomina "gas". El éter puede utilizarse para llamar a los contratos inteligentes: por ejemplo, el contrato puede activar una publicación en Twitter (o una alternativa) o activar una cuenta para empezar a pedir prestadas monedas en una plataforma de préstamos basada en Ethereum.

Ethereum utiliza una cuenta para almacenar Ether, similar a una cuenta bancaria, tiene dos tipos de cuentas:

- Cuenta de propiedad externa (EOA): una cuenta utilizada por los usuarios ordinarios para guardar y enviar Ether.

- Cuentas de contrato: Estas cuentas independientes son contratos inteligentes que pueden ser activados a través de transacciones de EOA ether u otros eventos.

La activación de los contratos inteligentes no es gratuita. Cada transacción cuesta algo de Ether, dependiendo de la cantidad de computación utilizada por la transacción. Además, cuando Ethereum está congestionado, las tarifas suben.

Recuerda que cada nodo de la red tiene una copia del historial de transacciones de la red y de los contratos inteligentes. Cada vez que un usuario realiza una operación, todos los nodos de la red deben ponerse de acuerdo para realizar este cambio. La prueba del algoritmo fue implementada por primera vez por Bitcoin; que mantuvo estos nodos remotos sincronizados.

5.4 Consejos sobre cómo invertir eficazmente en Ethereum Al comprar Ethereum, usted está convirtiendo esencialmente dólares estadounidenses en "Ether", también conocido como ETH, que es la moneda de la blockchain de Ethereum. Para utilizar la blockchain de Ethereum (incluido el envío de ETH como método de pago o el uso de aplicaciones que se ejecutan en Ethereum), necesita ETH para pagar las tarifas de transacción.

Entonces, ¿qué puede hacer la blockchain de Ethereum?

Aunque esta tecnología es todavía joven y francamente no está probada en muchos aspectos, la gente puede utilizar Ethereum para ejecutar "aplicaciones descentralizadas" o dapps. Las dapps cortan el intermediario en la industria donde el intermediario siempre ha existido en lugar de confiar en el "contrato inteligente" que se ejecuta en Ethereum. Para utilizar estas aplicaciones, necesitarás ETH para cubrir el coste del "gas", que mide cuánta potencia de cálculo se necesita para ejecutar la aplicación. Algunos ejemplos de dapps son

- Préstamos directos punto a punto con intereses.

- No existe un seguro de una compañía de seguros.

- No hay pago de la empresa de procesamiento de pagos.

- Los fondos de streaming de música fluyen directamente a los artistas, no a las plataformas de streaming o a las compañías discográficas.

- No hay subasta de arte por parte de un subastador.

- Mercado de fichas no fungibles o NFT.

- Juegos en línea.

- No hay colaboración de código desde el servidor central.

Todo esto es extremadamente complicado, así que si estás confundido, no te preocupes. Esto es normal. Pero en resumen, cuando inviertes en Ethereum, estás apostando a que la gente continuará adoptando y utilizando las nuevas tecnologías basadas en Ethereum enumeradas anteriormente, lo que puede impulsar la demanda de ETH y su mayor valor de mercado.

Las criptomonedas dominan los titulares, pero la verdad es que si las trata estrictamente como una inversión, siguen siendo un activo alternativo muy volátil. Por lo general, es aconsejable tratarlas así en su cartera.

En el caso de ETH, hemos visto enormes fluctuaciones de precio: en 2016, se disparó entre unos 5 y 15 dólares. A principios de 2018, el precio se había disparado hasta casi 1.500 $, pero desde entonces, ETH ha iniciado una accidentada cuesta abajo y cayó por debajo de los 100 $ en diciembre de 2018.

El golpe de efecto del primer capítulo? Hasta noviembre de 2020, el precio de ETH no volvió a superar los $ 500, provocando lo que muchos llaman el "criptoinvierno" para congelar.

Así que imagina esto: Usted compró ETH durante el bombo en enero de 2018, sólo para ver el valor de su inversión disminuir a lo largo del año. Ha pasado 2019 y tu dinero aún no ha sido devuelto. Después de dos años, ¿cortarás tus pérdidas y te llevarás el efectivo que puedas conseguir? Si es así, la volatilidad de Ethereum puede significar que es un poco arriesgado para usted.

Al igual que investigará a fondo una empresa en busca de banderas rojas antes de invertir, puede hacer lo mismo con las criptodivisas. Por desgracia, desde el lanzamiento de Ethereum han surgido problemas.

Esto es un poco complicado, pero ahora mismo, el problema urgente es que el gas, la tasa de transacción para mantener el sistema en funcionamiento, es más caro que en el pasado. Mucho más caro.

A principios de 2019, se necesitan aproximadamente 10 céntimos para ejecutar una transacción en Ethereum. ¿Y hoy? Esta tarifa en Estados Unidos es de unos 20 dólares.

Antes de considerar la compra de Ethereum, revise su cartera de inversiones para determinar si la criptodivisa tiene un lugar en ella. En general, una mezcla de fondos de inversión en acciones (fondos indexados y fondos cotizados), bonos o fondos de bonos y dinero en efectivo constituye el núcleo de una cartera de inversión altamente diversificada. Encontrar la combinación adecuada de estos activos en función de su tolerancia al riesgo, el calendario y los objetivos de inversión se denomina asignación de activos. Antes de adentrarse en activos alternativos como las criptomonedas, puede ser una buena idea asegurarse de que los fundamentos de una cartera de inversión a largo plazo están en su sitio.

Si ya tiene una cartera de inversiones muy diversificada y equilibrada, las criptomonedas como ETH pueden ayudar a diversificarla aún más. Además, dado que el rendimiento de las criptodivisas no suele estar relacionado con el rendimiento del mercado de valores, si el mercado de valores cae pero el mercado de criptodivisas se mantiene estable, teóricamente añadir criptodivisas a la cartera puede actuar como un amortiguador.

En otras palabras, a pesar de las ventajas potenciales, la volatilidad de las criptodivisas sigue siendo un factor importante a tener en cuenta. Y lo que es más importante, sólo tenemos unos pocos años de datos para descubrir la correlación entre las criptodivisas y los mercados tradicionales; las tendencias actuales pueden cambiar.

. . .

Antes de invertir dinero en efectivo en cualquier inversión (incluidas las acciones), es prudente asegurarse de que se dispone de suficientes reservas de efectivo para emergencias. En un futuro previsible, como los próximos cinco años, debería sentirse cómodo si no dispone del dinero que piensa invertir. ¿Recuerda el "invierno encriptado" mencionado anteriormente? Siempre hay otra posibilidad, y debes tener un plan para afrontarla.

Una forma de determinar la cantidad correcta de ETH para su cartera es tratarla como cualquier otro activo alternativo de riesgo. Desde esta perspectiva, puede decidir asignar una pequeña parte de su cartera de inversiones (algunos expertos podrían llamarla "fondo de casino") a las criptodivisas.

Si no está seguro de cuánto invertir o le pone nervioso la caída del precio poco después de la compra, siempre puede tomar prestada una estrategia probada de la inversión tradicional: el coste medio.

TOKENS NO FUNGIBLES (NFT)

6.1 Definición de token no fungible Los tokens no fungibles, más conocidos como tokens NFT, son activos cifrados en la blockchain. Cada uno posee un código de identificación único y metadatos que permiten distinguirlos entre sí. Sin embargo, a diferencia de las criptodivisas, no pueden comercializarse ni intercambiarse de forma equivalente. Esto difiere de los tokens fungibles como las criptodivisas, que son iguales y, por tanto, pueden utilizarse como medio para las transacciones comerciales.

La estructura única de cada NFT puede utilizarse en múltiples casos de uso. Por ejemplo, son herramientas ideales para representar digitalmente activos físicos como bienes inmuebles y obras de arte. Teniendo en cuenta que se basan en blockchain, las NFT también pueden utilizarse para eliminar la necesidad de intermediarios y conectar a los artistas con el público o para la gestión de la identidad. Las NFT permiten eliminar los intermediarios, simplificar las transacciones y crear un nuevo mercado.

El mercado actual de las NFT se centra sobre todo en los objetos de colección, como el arte digital, las tarjetas deportivas y los objetos raros. Tal vez el espacio más publicitado sea NBA Top Shot, un lugar donde se coleccionan momentos de la NBA no fungibles en forma de tarjetas digitales. Algunas de estas tarjetas han vendido millones de dólares. Recientemente, el director general de Twitter, Jack Dorsey, publicó un enlace en Twitter a una versión tokenizada del primer tuit de la historia, y escribió: "Acabo de configurar mi twttr". La versión NFT del primer tuit ya ha proporcionado una oferta de hasta 2,5 millones de dólares estadounidenses.

Al igual que las monedas físicas, las criptodivisas son fungibles, lo que significa que se pueden comercializar o intercambiar. Esto significa que un bitcoin es siempre igual a otro bitcoin en el mercado. Lo mismo ocurre con el Ether: un Ether es siempre igual a otro Ether en el mercado. La característica de fungibilidad que poseen las criptomonedas las hace adecuadas para su uso como método de transacción seguro en la economía digital.

NFT introduce cambios en el paradigma criptográfico. Lo hace haciendo que cada token sea único e insustituible, por lo que un token insustituible no puede ser igual a otro. En otras palabras, representan digitalmente los activos. A menudo se comparan con los pasaportes digitales, ya que todos tienen una identidad única e intransferible, lo que permite distinguir fácilmente entre los distintos tokens. También permiten combinaciones mutuas entre ellos, lo que significa que se pueden combinar dos NFT diferentes para hacer un tercer NFT único.

Al igual que el Bitcoin, los NFT también contienen detalles de propiedad para facilitar la identificación y la transferencia entre los titulares de los tokens. El propietario también puede añadir metadatos o atributos relacionados con el activo en la NFT. Un ejemplo sería tener diferentes granos de café representados por tokens, lo que significa que podrían ser clasificados como de comercio justo. O los artistas pueden utilizar sus firmas en los metadatos para firmar sus obras de arte digitales.

NFT evolucionó a partir del estándar ERC721. ERC721 fue desarrollado por algunos responsables del contrato inteligente ERC20 y define la interfaz mínima (detalles de propiedad, seguridad y metadatos) necesaria para intercambiar y distribuir tokens de juego. El estándar ERC1155 amplía este concepto reduciendo los costes de transacción y almacenamiento que requieren los NFT y agrupando varios tipos de tokens no fungibles en un solo contrato.

Quizá el caso de uso más conocido de las NFT sea CryptoKitties. CryptoKitties se lanzó en noviembre de 2017 y es una representación digital de un GATO identificado de forma única en la blockchain de Ethereum. Cada gatito es único y tiene un precio en éter. Se reproducen y producen nuevas crías, que tienen diferentes atributos y valores en comparación con sus padres. En tan solo unas semanas después de su lanzamiento, CryptoKitties amasó una base de fans y gastó 20 millones de dólares en éter para comprarlos, alimentarlos y criarlos. Algunos entusiastas llegaron a gastar más de 100.000 dólares.

Aunque el caso de uso de CryptoKitties puede parecer trivial, los casos de uso posteriores tienen un impacto empresarial más serio. Por ejemplo, la NFT se ha utilizado en operaciones de capital privado y en transacciones inmobiliarias. Una de las muchas implicaciones de permitir múltiples tipos de tokens en un contrato es proporcionar servicios de custodia para diferentes NFT (que varían desde obras de arte hasta bienes inmuebles) en una única transacción financiera.

El token no fungible es una evolución del concepto relativamente sencillo de criptodivisa. Los sistemas financieros modernos son complejos sistemas de préstamos y transacciones, cada uno de ellos destinado a diferentes tipos de activos, que van desde los bienes inmuebles a los contratos de préstamo o las obras de arte. Al permitir la representación digital de activos físicos, la NFT es un paso adelante en la remodelación de esta infraestructura.

Sin duda, la idea de la representación digital de los activos físicos no es nueva, como tampoco lo es el uso de identificadores únicos. Sin embargo, cuando estos conceptos se combinan con las ventajas de la cadena de bloques a prueba de manipulaciones de los contratos inteligentes, pueden convertirse en una poderosa fuerza de cambio.

Quizás el beneficio más obvio de la NFT sea la eficiencia del mercado. La conversión de activos físicos en activos digitales permite simplificar el proceso y eliminar intermediarios. Por ejemplo, los NFT que representan obras de arte digitales o físicas en la blockchain eliminan la necesidad de agencias y permiten a los artistas conectar directamente con su público. También pueden mejorar los procesos empresariales. Por ejemplo, las NFT de botellas de vino facilitarán la interacción de los distintos participantes en la cadena de suministro y ayudarán a rastrear su procedencia, producción y venta a lo largo del proceso. La consultora Ernst & Young ha desarrollado una solución de este tipo para uno de sus clientes.

Las NFT también son adecuadas para la gestión de la identidad. Por ejemplo, consideremos la situación en la que hay que presentar un pasaporte físico en cada punto de entrada y salida. Al convertir los pasaportes personales en NFT, cada pasaporte tiene sus características de identificación únicas, lo que simplifica el proceso de inmigración en las jurisdicciones. Ampliando este caso de uso, el NFT también puede utilizarse para la gestión de la identidad en el ámbito digital.

La NFT también puede democratizar la inversión al dividir los activos físicos, como los bienes inmuebles. Es mucho más fácil asignar un activo inmobiliario digital a múltiples propietarios que a una sola entidad. La ética de la tokenización no tiene por qué limitarse a los bienes inmuebles; puede extenderse a otros activos, como las obras de arte. Así, un cuadro no siempre necesita un propietario. Su equivalente digital puede tener múltiples propietarios, y cada uno de ellos es responsable de una pequeña parte del cuadro. Estos acuerdos pueden aumentar su valor y sus ingresos.

La posibilidad más interesante de la NFT reside en la creación de nuevos mercados y formas de inversión. Considere la posibilidad de dividir una propiedad inmobiliaria en varios barrios, cada uno de los cuales contiene características y tipos de propiedad diferentes. Uno de los distritos puede estar cerca de la playa, mientras que el otro es el centro de entretenimiento y el otro es el distrito residencial. Según sus características, cada parcela es única, con un precio diferente, y expresado en NFT. Las transacciones inmobiliarias son un asunto complejo y burocrático que puede simplificarse incorporando los metadatos pertinentes a cada NFT único. La plataforma de realidad virtual Decentraland en la blockchain de Ethereum ha implementado ese concepto. Con las NFT cada vez más complicadas e integradas en la infraestructura financiera, la posibilidad de su implementación en el mismo concepto de terreno tokenizado (diferente en valor y ubicación) en el mundo físico puede muy bien convertirse en algo real.

6.2 Diferentes tipos de NFT por estándares de NFT 6.2.1 Estándar ERC-20 Los tokens ERC20 están unificados. Desempeñan el papel de criptomonedas, activos y acciones digitales. Por lo tanto, es importante que se adhieran al formato de dirección aceptado. Los tokens son rentables porque generan ingresos en forma de dividendos. Además, el propietario participa en la gestión de la empresa, controla la transferencia y el consumo de monedas, y hace un seguimiento del número de activos que tiene en la cuenta durante un periodo definido.

El acuerdo oficial unificado ERC20 está diseñado para resolver el problema de compatibilidad de las diferentes monedas y mejorar el funcionamiento de la red. Los tokens estándar de la blockchain de Ethereum tienen las siguientes características

- Hace que los activos sean intercambiables; - Se utiliza para apoyar plataformas, proyectos e intercambios; - Garantiza el uso de aplicaciones descentralizadas compatibles (DApps) para ejecutarse; - Pasa la recepción y el envío de monedas para simplificar las transacciones; - Interactúa con otras monedas y contratos inteligentes; - Son tokens estándar basados en blockchain que también son descentralizados y de código abierto.

. . .

A la hora de crear tokens y construir contratos inteligentes, hay seis funciones simples pero obligatorias:

- Controlar el número inicial de monedas y la emisión; - Asignar la cantidad inicial a la dirección de la empresa y a los propietarios de la ICO; - Invertir en El autor envía activos y registra el saldo; - Distribuir las monedas entre los usuarios para realizar transacciones y verificar su movimiento; - Comprobar su saldo; - Comprobar la aplicabilidad de las monedas en el sentido de la transferencia.

Además, los expertos en criptomonedas de SoftFX recomiendan que cada contrato tenga tres funciones para identificar los parámetros de la moneda: símbolo, nombre y dimensión. Los contratos inteligentes también incluyen el uso de funciones añadidas. Por ejemplo, para autorizar a los inversores a votar por un proyecto.

El desarrollador de un token basado en éter con parámetros especificados puede ser cualquier usuario que vaya a crear su propio proyecto. Puede ampliar fácilmente la funcionalidad y añadir las opciones correctas para el proyecto al contrato inteligente. El estándar ERC-20 tiene sus ventajas y desventajas porque se crea un gran número de fichas idénticas. Las especificaciones técnicas de los contratos inteligentes son las siguientes:

- Los contratos inteligentes están escritos en forma de código realizan las siguientes operaciones:

- Realizar transacciones y transferir tokens; - Confirmar tarifas; - Hacer un seguimiento de los saldos de las cuentas.

- Contiene información sobre el cumplimiento de los términos del contrato y los conjuntos de características designadas.

Está prohibido cambiar o no cumplir los requisitos del contrato. Si el desarrollador no incluye todos los parámetros estándar, la compatibilidad con ERC20 y la interacción con otras funciones será incompleta.

El contrato y la información relacionada pueden encontrarse en la cadena de bloques. Como resultado, los pagos se ejecutan automáticamente y las transacciones están protegidas por la cadena de bloques.

Los contratos inteligentes no están exentos de lagunas. Los errores cometidos durante su desarrollo llevaron a la pérdida de medios. Se está desarrollando un complemento para rechazar las transacciones que no cumplan los requisitos del contrato.

. . .

6.2.2 ERC-721 El estándar utilizado para construir NFT en Ethereum se llama ERC721. Sin embargo, con la popularidad de las NFT, los desarrolladores también propusieron ERC1155. Por último, uno de los documentos más recientes es el EIP2309, que también presentaremos brevemente.

El ERC721 comprende el conjunto de reglas básicas de NFT, definiéndolas como un método para identificar algo o alguien de forma única. El ERC introduce el estándar para construir NFT en Ethereum.

Los NFT son tokens únicos y tienen valores diferentes de otros tokens que pertenecen al mismo contrato inteligente. Pronto los compararemos con los tokens ERC20 estándar. Por ejemplo:

Si Mike y Joe tienen 1 ETH, el valor de ambos ETH es el mismo: por ejemplo, 2.400 dólares. Sin embargo, si Mike tiene una NFT, por ejemplo, una espada ordinaria de un juego que utiliza esta tecnología, y Joe tiene una espada extremadamente rara, entonces la NFT de Joe será más valiosa. Su valor puede cambiar debido a varias influencias, incluyendo la rareza, la edad e incluso factores visuales. Si todos los objetos del juego están tokenizados, se convertirán en únicos y no podrán ser sustituidos. Sin embargo, algunos objetos son más raros, otros son más antiguos y otros son más atractivos visualmente. Por ello, algunos serán más caros que otros, aunque formen parte del mismo contrato inteligente.

Este es uno de los principales objetivos de ERC721: hacer que el token sea único. Esta es toda la parte del código que gestiona ERC721. Por ejemplo, cada NFT debe tener una variable uint256 llamada tokenId. Por lo tanto, para todos los contratos ERC721, la unidad de dirección del contrato correspondiente 256 debe ser globalmente única. Entonces las Dapps utilizarán el convertidor tokenId, que se utilizará como entrada o salida para una imagen específica. Si se aplica fuera de la industria del juego, puede ser cualquier objeto visual como armas, armaduras o incluso obras de arte.

Al igual que muchos otros ERC, este ERC también proporciona algunas funciones para NFT. Por ejemplo, permite realizar transacciones NFT de una cuenta a otra. Además, el ERC721 ofrece la posibilidad de recuperar el saldo actual de tokens de la cuenta, el suministro total de tokens en la red e información sobre propietarios de tokens específicos. Además, se han añadido algunas funciones adicionales para hacer de ERC721 un documento completo. Los contratos inteligentes que implementan el ERC721 se denominan contratos de tokens no fungibles ERC721 y deben realizar un seguimiento de todos los tokens creados en Ethereum.

Por supuesto, los creadores de NFT pueden jugar con el código. Uno de los mejores ejemplos es un juego llamado CryptoKitties. Su objetivo es sencillo: los jugadores tienen que criar gatitos y comerciar con otros jugadores. Cada gatito es único: es un NFT, algunos de los cuales son más populares que otros. Sin embargo, CryptoKitties tiene algunos eventos adicionales, como el embarazo y el nacimiento, además de los eventos estándar.

6.2.3 ERC-1155 Al igual que los estándares ERC20 y ERC721 discutidos, el ERC1155 es una fórmula básica diseñada para crear tokens útiles que simplifiquen la vida de los desarrolladores al tiempo que les proporcionan herramientas de trabajo potentes y dinámicas. El token ERC1155 es un token estándar que puede ser almacenado bajo su control y puede ser intercambiado como tokens ERC20 o ERC721 o dos tokens almacenados en la misma dirección al mismo tiempo. La idea es muy sencilla y pretende crear una interfaz de contrato inteligente que pueda representar y controlar cualquier número de tipos de tokens sustituibles y no fungibles. De este modo, los tokens ERC1155 pueden realizar las mismas funciones que los tokens mencionados anteriormente, es decir, ERC721 y ERC20, incluso al mismo tiempo. Y lo que es más importante, se han mejorado las funciones de los dos estándares para hacerlos más eficientes, y se han corregido los evidentes errores de implementación de los estándares ERC20 y ERC721.

El token ERC1155 está completamente descrito en la EIP (Propuesta de Mejora de Ethereum), concretamente en la EIP1155, de donde procede su nombre. Para entender las razones de la creación de los tokens ERC1155, es necesario revisar algunos puntos intermedios, que nos permitirán entenderlo mejor.

Los tokens ERC20 de Ethereum (para tokens fungibles) y ERC721 (para tokens no fungibles, NFT) son ampliamente utilizados en el ecosistema. Basta con echar un vistazo a Etherscan para entender un gran número de estos tokens. Sin embargo, ambos tokens tienen limitaciones, algunas de las cuales son muy graves.

Por ejemplo, en los tokens ERC20, una limitación importante es la falta de una forma de "reaccionar" a los eventos de transmisión de ERC20. Como resultado, cuando los usuarios envían accidentalmente tokens a la dirección equivocada, esto hará que los tokens ERC20 queden atrapados en el contrato para siempre. De este modo, si se transfiere a la dirección ERC20 equivocada, el contenido que se transfirió se perderá para siempre.

. . .

El token ERC721 también tiene sus limitaciones. Por ejemplo, es imposible obtener los identificadores del token directamente, lo que dificulta el uso de estos tokens para las transacciones. De hecho, por ejemplo, si tienes un conjunto de 10 NFT que quieres transferir a otra persona, la transferencia requerirá que realices diez transacciones diferentes. Las comisiones correspondientes, que aumentan en gran medida esta sencilla operación de coste, y la operación de carga de la red afectan en gran medida a la disponibilidad de la red Ethereum. En estos casos, tendrá que transferir los tokens uno a uno. Es imposible transferir los diez al mismo tiempo, lo cual es muy absurdo.

Otro problema es atravesar el token ERC721. Esto requiere atravesar todos los tokens del contrato para responder a la DApp y a los usuarios relacionados. Imagina un contrato ERC721 bajo su millón de tokens registrados. Esto significa que si una persona quiere saber el estado de su token, debe enviar una transacción a la red, que recorrerá estos millones de tokens. La moneda los cotejará con el de la dirección del usuario y luego entregará la respuesta. Esta es la mayor evidencia de ineficiencia en este tipo de sistema.

Al mismo tiempo, los tokens ERC20 y ERC721 no son compatibles entre sí. De hecho, los contratos son tan diferentes que la creación de funciones adicionales que conecten a los dos es una tarea desalentadora y puede tener un impacto significativo en la red, posibles fallos y altos costes de comisión.

Esto es especialmente importante porque muchas DApps utilizan estos dos tipos de tokens simultáneamente, y debido a esta limitación, su lógica de funcionamiento se vuelve más complicada. Si un solo contrato inteligente puede manejar todo, entonces la programación será mucho más fácil, y será más seguro y simple de diseñar.

ERC1155 fue creado para unir los dos mundos bajo un mismo contrato, superar las limitaciones ya descritas y hacer más efectiva su gestión. No sólo eso, la solución puede incluso evitar la enorme fragmentación de tokens que existe hoy en día, permitiendo que un mismo tipo de contrato controle dos tipos de tokens.

Un ejemplo sería permitir a los desarrolladores de DApps usar ERC1155 para que sus usuarios puedan usar el mismo contrato para registrar tokens fungibles (tokens que pueden ser usados como monedas de pago) y tokens no fungibles (coleccionables en DApps o juegos, artículos de intercambio). Esto se debe a la misma dirección y simplifica la lógica de la DApp y los contratos inteligentes relacionados. No hay duda de que se trata de un uso más eficiente de los recursos, que no aparecerá en blockchains como Ethereum y sus recursos limitados.

JUEGOS CON BLOCKCHAIN

7.1 Qué es el juego con blockchain En resumen, el principal uso de blockchain en los juegos es la liquidez. La aplicación de blockchain en los juegos es sencilla en muchos sentidos porque los jugadores se han acostumbrado a la tokenización. Algunos de los primeros juegos presentaban aplicaciones de moneda virtual. El juego se desarrolla y se fusiona con Internet: las monedas de oro y los objetos del juego pueden comprarse ahora con moneda real (legal). Las transacciones suelen producirse fuera del propio juego, para disgusto de sus creadores. La cadena de bloques puede establecer reglas y equidad en torno a las transacciones de activos y divisas del juego y conectarlas con el mundo real de forma razonable.

Esto es especialmente útil para el modelo free-to-play promovido por Fortnite, en el que la mayor parte de los ingresos del juego provienen de compras dentro del juego (por ejemplo, skins en el juego) financiadas con moneda digital. Así, el éxito de Fortnite de Epic Games puede anunciar el éxito de blockchain en los juegos. Fortnite ganó 2.400 millones de dólares en 2018, lo que lo convierte en el juego más taquillero de la historia. En 2018, los juegos gratuitos representaron el 80% de los ingresos globales de los juegos; En las consolas, los ingresos totales de los juegos gratuitos en 2018 aumentaron un 458% en comparación con 2017.

El segundo uso se refiere a la estructura. Hasta este punto, el alcance de los juegos de blockchain es remotamente simple, lo que significa que la mayoría de los juegos caerán en una de las dos categorías principales: descentralizado o híbrido. En el primer modelo, el juego se ejecuta completamente desde la blockchain, lo que significa que el desarrollador no puede cambiar el juego de ninguna manera sin el consentimiento de la comunidad. En el modelo híbrido, el juego se ejecuta en un servidor central, pero sus activos se negocian a través de un mercado descentralizado. En cualquier caso, la cadena de bloques adquirirá los activos del juego y los hará tan accesibles como sea posible, creando con ello legitimidad y valor permanente.

A medida que la industria del juego se centra en los activos del juego, blockchain puede resolver muchos problemas relacionados: eliminar los artículos fraudulentos, la escasez de fabricación, e incentivar más compras mediante la transferencia de artículos entre los juegos (ver más abajo para más detalles). Worldwide Asset eXchange (WAX), una plataforma de blockchain que se centra en los artículos virtuales, realizó un estudio, cuyos resultados afirmaron que el 62% de los jugadores son más propensos a invertir en activos digitales si éstos se pueden transferir entre juegos y que el 84% de los desarrolladores crearán artículos dentro del juego por la misma razón. Tim Sweeney, director general de Epic Games, no ha descartado públicamente el uso de blockchain o criptomoneda; las aplicaciones del nivel de Fortnite pueden ser suficientes para que los juegos adopten masivamente el blockchain. Además, el blockchain ofrece muchas otras soluciones para la industria del juego:

- Otorga la propiedad constante de los objetos del juego y resuelve el robo de objetos causado por el hackeo y la venta de activos falsos en el juego.

- Asocia los activos a los jugadores y no a los juegos, protegiendo así la inversión de tiempo/dinero de los jugadores, independientemente de la decisión del desarrollador.

- Protege a los jugadores del mal comportamiento de los creadores; los jugadores pueden controlar la rueda, prolongar la vida del juego y fomentar el contenido de los usuarios. (El juego de realidad virtual Decentraland es un ejemplo prometedor). - Restablece la confianza entre los desarrolladores de juegos y los distribuidores al registrar las ventas en la blockchain.

- Crea una red de distribución de juegos descentralizada.

- Crea un sistema económico más realista en el juego.

- Cambia la definición de éxito de los juegos, pasando de los ingresos al valor de la moneda del juego, con lo que se reajusta el trabajo de desarrollo del juego en beneficio de los jugadores.

- Incentiva a los jugadores ofreciéndoles bonificaciones y votaciones durante el proceso de desarrollo.

- Resuelve el alto coste de los programas de juego en la nube y los problemas de bajos ingresos (como PS Now de Sony) distribuyendo los servidores en la red blockchain.

- Fomenta el monopolio de las videoconsolas y la competencia en el desarrollo de juegos fuera de la industria de la publicación de juegos.

Blockchain mejorará la experiencia del usuario a través de la propiedad, la globalización y otros métodos a medida que los desarrolladores creen nuevos juegos o los mejoren.

Los desarrolladores de juegos siguen ampliando el conjunto de compras dentro del juego, extendiendo el tiempo de juego al atraer a los jugadores cuyo objetivo es ganar estos activos. Pero en la actualidad, a pesar de dedicar horas de esfuerzo a obtener estas herramientas y actualizaciones dentro del juego, los jugadores siguen sin ser propietarios de los activos digitales. Además, los desarrolladores pueden cambiar o incluso eliminar los activos a su discreción.

El desarrollo basado en la cadena de bloques puede transferir la propiedad a los jugadores. Los contratos inteligentes son líneas de código almacenadas en la cadena de bloques que pueden ejecutarse automáticamente cuando se cumplen unas condiciones predeterminadas, lo que permite transferir automáticamente los activos a los jugadores. Sin embargo, la inmutabilidad de los datos de la cadena de bloques significa que los desarrolladores que utilizan contratos inteligentes no pueden recuperar estos activos.

Gracias a este desarrollo, los jugadores pueden beneficiarse de sus habilidades vendiendo sus activos digitales para ganar juegos, comerciando con otros jugadores o comprando sus juegos favoritos.

Los juegos forman parte de una industria global, donde los jugadores profesionales de todo el mundo se reúnen en una plataforma digital. Sin embargo, es más difícil transferir o comprar activos digitales a escala global. El proceso tarda varios días y dificulta el juego entre jugadores de diferentes países.

Blockchain puede realizar pagos casi instantáneos a escala global, eliminando las restricciones actuales en los juegos multijugador globales. Además, la tecnología blockchain, al igual que las stablecoins, puede reflejar cualquier activo y no está sujeta a embargos comerciales u otras restricciones.

Al hacer que las transacciones de los jugadores sean más transparentes y eficientes, la blockchain puede hacer realidad un nuevo mercado del entretenimiento creando oportunidades para los jugadores y los desarrolladores, cambiando así por completo el mundo del juego.

7.2 Ejemplos de juegos con blockchain En términos de desarrollo, las plataformas de juegos tradicionales han formado un "circuito cerrado" en términos de desarrollo: nadie de fuera puede construir diferentes versiones, ver la lógica central o utilizar los datos (activos) existentes. En la cadena de bloques, sin embargo, la mayor parte de la lógica central y los datos (activos) son gestionados por contratos inteligentes, lo que permite analizarlos y reutilizarlos en diferentes escenarios.

Los juegos en blockchain están descentralizados. Los activos de los juegos Blockchain (bienes digitales) no viven en servidores controlados centralmente, sino que se distribuyen entre los "jugadores". Los juegos Blockchain emiten sus tokens o utilizan tokens existentes (como Ether en Ethereum). Con una economía de fichas y una jugabilidad bien diseñadas, los juegos de blockchain introducirán una nueva era de juegos.

Estamos hablando de juegos, así que lo primero que hay que aplicar es la teoría de los juegos. La propia blockchain utiliza la teoría de juegos para el diseño de la red. En términos de teoría de juegos, los juegos de blockchain como Fomo3D (del que hablaremos más adelante) muestran cómo una carrera de juegos de suma cero puede utilizar la razón humana.

Tokenomics no existe en otros tipos de plataformas de juego. Tokenomics crea diferentes grupos de interés en la red, permitiendo diferentes propiedades de la teoría de juegos. El uso de tokens para diseñar incentivos o crear nuevos activos da a los juegos de blockchain un gran poder.

Cualquiera puede analizar el código utilizado en los juegos de blockchain. Esto permite la transparencia, lo que significa que tanto los jugadores como los desarrolladores pueden estar del mismo lado, lo que es una rareza con los juegos que no son de blockchain. Cabe mencionar que el resultado de un juego no puede ser controlado o predeterminado. Si los desarrolladores intentan una actualización que la comunidad no apoya, pueden bifurcar el juego y crear una versión diferente. Se han creado cientos de juegos en blockchains públicas como Ethereum y Eos. Por lo tanto, echemos un vistazo a algunos juegos famosos de Ethereum y sus principios de funcionamiento interno.

. . .

CryptoKitties En noviembre de 2017, CryptoKitties provocó una congestión en la red Ethereum. Se extendió; todo el mundo quería un gatito (a Internet le gustan los gatos). Hay más de 14.000 usuarios y unos 5.000 Ethereum al día, lo que plantea algunos problemas a los desarrolladores de Ethereum. Incluso WikiLeaks está comprando estos gatitos.

Un token no homogéneo es un token único que representa un activo. Este token no es negociable. Por ejemplo, los bitcoins son negociables (aunque no son tan fungibles como el dinero en dólares), tu bitcoin y el mío representan el mismo activo y valor. Sin embargo, los tokens no fungibles no se pueden comerciar y pueden tener valores diferentes.

Los Cryptokitties se basan en los tokens NFT, y cada gatito es diferente de otros gatitos. Los gatitos se pueden criar y comerciar en el mercado abierto. Después de Cryptokitties, apareció una oleada de juegos NFT. Algunos de esos juegos son

- EtherRockets - Un juego descentralizado con competiciones, mercados de usuarios y la posibilidad de coleccionar varios cohetes.

- CryptoPets - Un juego basado en blockchain para coleccionar, comerciar y entrenar criaturas digitales en un mundo virtual. (Piensa en un cruce entre la famosa serie Pokemon y CryptoKitties) - Crypto Zombies - Un juego educativo interactivo que te enseña a escribir contratos inteligentes en Solidity creando tus propios criptocoleccionables.

- Etheremon - Un juego en el que puedes coleccionar, entrenar y luchar contra simpáticos monstruos.

Cryptopunks, con 10.000 personajes de colección únicos, apareció antes que Cryptokitties y fue una importante fuente de aprendizaje para el equipo de Cryptokitties.

Luego está la era de los juegos de azar y Ponzi. Se apuesta con poco dinero para ganar mucho dinero, y cosas como los bonos y las referencias de por vida están en riesgo.

Fomo3D es un juego con una apuesta de 12 millones de dólares. El primer pionero de este tipo de juego fue el proyecto PoWh. El juego funciona así: Hay un indicador de tiempo, luego hay que comprar tokens de juego (llaves) para jugar. Cuando el jugador compra fichas, el código avanza en el tiempo. No hay límite en la extensión del tiempo para comercializar. Y cada transacción de compra tiene una tarifa fija. Recibirá dividendos en función de sus tokens. Una vez que el código se detenga, ganará la persona que haya comprado los últimos tokens.

Muchas partidas similares tienen nombres y parámetros diferentes (por ejemplo, límites de tiempo fijos). Aunque estos juegos parecen esquemas Ponzi a primera vista, muestran lo mejor de la teoría de juegos, la economía de los tokens y el desarrollo de contratos inteligentes.

7.3 Cómo ha revolucionado blockchain los juegos de azar El potencial revolucionario de blockchain va mucho más allá del sector financiero. Por ejemplo, la industria del juego, que siempre ha estado ávida de cambios, ahora está adoptando blockchain. Esta nueva tecnología parece estar perturbando una industria mundial con un valor aproximado de cien mil millones de dólares.

En resumen, blockchain es una nueva forma de almacenar y transmitir datos. Su función principal es descomponer los datos en millones de trozos y distribuirlos por la red. Este método de almacenamiento de datos proporciona un conjunto único de propiedades a la cadena de bloques. En primer lugar, como los datos están descentralizados, distribuidos por toda la red en lugar de almacenados en un solo lugar, ningún individuo u organización es dueño o mantiene los datos. En segundo lugar, los datos no pueden ser modificados ni manipulados: son inmutables. La tecnología blockchain verifica continuamente la cadena de datos, haciendo visible inmediatamente cualquier cambio o actividad maliciosa. En tercer lugar, toda la infraestructura de la cadena de bloques está protegida por una compleja criptografía que promueve una fuerte codificación de los datos. Como sabemos, estos atributos se están utilizando ahora para cambiar el juego de nuevas maneras.

Un nuevo y emocionante desarrollo de blockchain se centra en la transferencia de la propiedad de los activos del juego de los desarrolladores a los jugadores. Los juegos Battle Royale como Fortnite y PUBG son los primeros en hacer la transición a juegos free-to-play, introduciendo compras en el juego (como actualizaciones cosméticas) para generar ingresos. Además, para incentivar un mayor tiempo de juego, los desarrolladores implementaron recompensas para los jugadores que trabajaban durante horas para conseguir un determinado objetivo. Sin embargo, a pesar del tiempo y el dinero invertidos en el juego, los jugadores no son dueños de los activos digitales que han acumulado. Los desarrolladores tienen derecho a cambiar o eliminar los objetos como consideren oportuno;

los jugadores sólo son licenciatarios de sus productos.

Juegos como Gods Unchained de Fuel Games están subvirtiendo el guión, permitiendo a los jugadores convertirse en los verdaderos propietarios de sus activos de juego. Esto se consigue mediante contratos inteligentes. Cuando se cumplen ciertas condiciones predefinidas (como comprar un activo o completar un objetivo), la propiedad del activo digital se transfiere automáticamente al jugador. Como los datos de la cadena de bloques son inmutables, los desarrolladores no pueden revertir los contratos inteligentes. Esto proporciona a los jugadores muchas oportunidades para monetizar sus habilidades y progresos. Por ejemplo, los ganadores del torneo pueden vender o subastar sus herramientas ganadoras. Imagina que Buja, el ganador del evento individual de la Copa Mundial de Fortnite 2019, decide vender uno de sus activos del juego, como su pico. Utilizando la blockchain, se puede rastrear el historial de cada activo del juego. Poseer el pico de Buha es como poseer recuerdos deportivos históricos.

La descentralización es la causa de la adición de muchas características que cambian el juego, pero el desarrollo más brillante es la creación de una economía de juego descentralizada. Age of Rust, de SpacePirate Games, es un ejemplo de cómo la cadena de bloques puede cambiar fundamentalmente el papel de la cadena de bloques en la industria del juego. En "Age of Rust", los jugadores pueden recibir "Enjin Coin" (ENJ), una criptodivisa basada en Ethereum, para alcanzar determinados objetivos, y luego el ENJ puede utilizarse para proporcionar tarjetas de varias marcas conocidas (como Uber). En esencia, puedes pagar Uber jugando a videojuegos. O puedes cambiar tu ENJ por otras criptodivisas, como el Bitcoin. De repente, todo el tiempo que dedicas a los videojuegos puede proporcionarte ingresos adicionales.

Esta fórmula de monetizar el comportamiento en el juego para impulsar las transacciones en la vida real es una perspectiva emocionante, con abundantes oportunidades limitadas sólo por nuestra imaginación. En teoría, los jugadores pueden alquilar las herramientas necesarias o contratar a jugadores experimentados para que les ayuden a completar sus objetivos y crear una nueva economía digital por el camino. Las posibilidades son infinitas, y mucha gente se alegra de ver cómo se desarrolla esta situación.

La tecnología Blockchain parece transferir el poder a los jugadores, pero también puede dar poder a los desarrolladores. Por ejemplo, los contratos inteligentes permiten a los desarrolladores regular la economía de su juego estableciendo condiciones específicas predefinidas para controlar las transacciones. Esto puede controlar la sobresaturación del mercado del juego y garantizar transacciones justas. En última instancia, los desarrolladores pueden crear cualquier mundo que puedan imaginar y tienen la capacidad de sentar las bases del ecosistema que los jugadores utilizan para construir la economía del juego. Los desarrolladores pueden entonces utilizar la economía libre para generar ingresos cobrando tasas de transacción o gravando las transacciones entre pares, imitando esencialmente el sistema financiero establecido.

ENTENDER LOS CONTRATOS INTELIGENTES

8.1 ¿Qué son los contratos inteligentes y cómo funcionan?

Los contratos inteligentes no son más que programas almacenados en la blockchain y que se ejecutan cuando se cumplen unas condiciones predeterminadas. Suelen utilizarse para automatizar la ejecución del acuerdo, de modo que todos los participantes puedan determinar el resultado inmediatamente, sin la participación de ningún intermediario ni pérdida de tiempo. También pueden automatizar el flujo de trabajo y desencadenar la siguiente acción cuando se cumplen las condiciones.

Los contratos inteligentes funcionan siguiendo simples declaraciones "si / cuando... entonces...", escritas en código en la blockchain. Cuando las condiciones predeterminadas se han cumplido y verificado, la red informática realiza una acción. Estas acciones pueden incluir la emisión de fondos a las partes apropiadas, el registro de vehículos, el envío de notificaciones o la emisión de multas. A continuación, se actualiza la cadena de bloques cuando se completa la transacción. Esto significa que la transacción no puede ser modificada, y sólo las partes con permiso pueden ver el resultado.

En un contrato inteligente, puede haber tantas disposiciones como sea posible para satisfacer los requisitos de los participantes para que la tarea se complete. Para establecer las condiciones, los participantes deben determinar cómo se representan sus datos y transacciones en la red blockchain, acordar las reglas "si/cuando... entonces..." que rigen estas transacciones, y explorar todas las posibilidades y definir el marco de resolución de conflictos del contrato inteligente.

Los desarrolladores pueden entonces programar los contratos inteligentes, aunque cada vez son más las organizaciones que utilizan la blockchain empresarial para proporcionar plantillas, interfaces web y otras herramientas en línea para simplificar la construcción de contratos inteligentes.

Cuando se cumplen las condiciones, el contrato se ejecuta inmediatamente. Dado que los contratos inteligentes son digitales y están automatizados, no hay necesidad de ocuparse del papeleo ni de dedicar tiempo a coordinar los errores que suele provocar la cumplimentación manual de documentos.

Al no haber terceros involucrados, y dado que el registro encriptado de la transacción se comparte entre los participantes, no hay que cuestionar si la información ha sido cambiada para beneficio personal.

Los registros de las transacciones de Blockchain están encriptados, lo que dificulta su descifrado. Además, como cada registro está asociado a los registros anteriores y posteriores en el libro mayor distribuido, el pirata informático debe modificar toda la cadena para cambiar un solo registro.

Estos contratos eliminan los requisitos de procesamiento de los intermediarios, lo que da lugar a un bloqueo público de los retrasos y las tasas adicionales.

8.2 El estatus legal de los contratos inteligentes Una de las dificultades al hablar de contratos inteligentes es que el término describe dos paradigmas muy diferentes. El primero implica la creación e implementación de contratos inteligentes sin ningún contrato de texto ejecutable detrás. Por ejemplo, dos partes pueden llegar a un entendimiento verbal de la relación comercial que quieren plasmar y luego simplificar directamente este entendimiento en un código ejecutable. Estos se denominan "contratos inteligentes de código puro". El segundo paradigma implica el uso de contratos inteligentes como herramienta para implementar ciertas disposiciones de los contratos tradicionales basados en texto, donde el propio texto hace referencia al uso de contratos inteligentes para implementar ciertas disposiciones. Los llamamos "contratos inteligentes auxiliares".

. . .

No existe un derecho contractual federal, al menos en Estados Unidos; en su lugar, la aplicabilidad e interpretación de los contratos se determina a nivel estatal. Por lo tanto, aunque siempre se han aplicado ciertos principios básicos en cada estado, la reunión del Comité Nacional de Derecho Estatal Uniforme ha estado promoviendo la armonización de las leyes estatales, lo que significa que cualquier conclusión sobre los contratos inteligentes debe estar determinada por la realidad de que cada estado puede adoptar diferentes puntos de vista.

El debate sobre la aplicabilidad de los contratos inteligentes debe comenzar con la diferencia fundamental entre acuerdo y "contrato". En general, los países reconocen que, aunque las dos partes puedan llegar a diversos "acuerdos", el contrato significa que el acuerdo es legalmente vinculante y puede ser ejecutado en los tribunales.

Para determinar la aplicabilidad, los tribunales estatales consideran tradicionalmente si se cumplen los requisitos de oferta, aceptación y contraprestación del derecho común. Estos requisitos básicos pueden ciertamente alcanzarse mediante contratos inteligentes auxiliares. Por ejemplo, una compañía de seguros puede desarrollar un producto de seguro de vuelo que compensará automáticamente al asegurado si el vuelo se retrasa más de dos horas. Los términos clave, como la descripción de cómo se calculan los retrasos, pueden especificarse en un contrato basado en texto que se encarga de la formación real del contrato (pago de las primas del seguro) y de la ejecución (pago automático en caso de retraso verificable) a través de contratos inteligentes auxiliares. En este caso, la aseguradora hace un presupuesto claro del producto de seguro de vuelo y el asegurado lo acepta tras pagar la prima como contraprestación.

Aunque, hoy en día, ciertos contratos deben hacerse por escrito y pueden requerir formalidades adicionales. Por ejemplo, según el Código Comercial Uniforme (UCC) y las leyes estatales sobre fraude, los acuerdos no siempre necesitan estar por escrito para ser ejecutables. Por lo tanto, muchos contratos inteligentes de fuente pura también se harán cumplir de acuerdo con las leyes estatales que rigen los contratos. El ejemplo de la máquina expendedora de Szabo es instructivo en este sentido. Aunque el comprador tiene muchos derechos implícitos, el contrato resultante no tiene más términos escritos significativos que la indicación del precio de cada producto. Por lo tanto, el hecho de que el acuerdo sólo esté presente en el código, como en el caso del contrato inteligente del código, no causará obstáculos especiales a la formación del contrato, salvo los obstáculos impuestos por la UCC y las normas sobre el fraude. . Durante mucho tiempo, varias leyes y estructuras jurídicas han considerado el papel y la aplicación de la tecnología de la información en la formación de contratos.

Por ejemplo, la Ley Uniforme de Transacciones Electrónicas (UETA), que data de 1999 y constituye la base de las leyes estatales de 47 estados, establece que, con limitadas excepciones, los registros electrónicos, incluidos los creados por programas informáticos y las firmas electrónicas (es decir, el uso de la tecnología de encriptación de clave pública (firma digital) tiene el mismo efecto legal que su contraparte escrita. La UETA reconoce incluso la eficacia de la "agencia electrónica", que define como "un uso independiente de programas informáticos o medios electrónicos u otros medios automatizados para iniciar acciones o responder a registros o acciones electrónicas en su totalidad". En parte, no se requiere ninguna persona. Revisar o tomar medidas. "Según la UETA, los agentes electrónicos pueden iniciar, responder o interactuar con otras partes o sus agentes electrónicos dentro de sus parámetros programados. Una vez activado por una parte, ésta no necesita ningún préstamo o más atención; puede decirse que es la previsión de los contratos inteligentes.

Del mismo modo, la Ley Federal de Registro de Firmas Electrónicas (ESign Act) no sólo reconoce la validez de las firmas electrónicas y los registros electrónicos en el comercio interestatal, sino que también establece la "validez legal, vigencia o ejecutabilidad de los contratos u otros registros relacionados con las transacciones." No se puede negar el "sexo" simplemente porque su formación, creación o entrega implique un acto de uno o más agentes electrónicos, siempre que los actos del agente electrónico sean legalmente atribuibles al obligado. El término agente electrónico se refiere a un programa informático o a un medio electrónico u otro medio automatizado utilizado de forma independiente. Puede iniciar una acción o responder a un registro o acción electrónica en su totalidad o en parte sin ninguna revisión o acción al tomar la acción o la respuesta.

Aunque entender el marco legal actual es importante para evaluar la aplicabilidad de los contratos inteligentes hoy en día, los futuros usuarios de contratos inteligentes pueden no necesitar basarse en la ley antes de desarrollar la tecnología blockchain. Por ejemplo, Arizona y Nevada han revisado sus respectivas versiones estatales de la UETA para incorporar el blockchain y los contratos inteligentes de forma explícita. Sin embargo, el hecho de que estos estados hayan adoptado definiciones muy diferentes de estos términos clave sugiere que, a medida que más y más estados sigan su ejemplo, puede haber una creciente presión para adoptar definiciones uniformes que reflejen el desarrollo de blockchain y los contratos inteligentes.

. . .

Dado el marco legal existente que reconoce los contratos electrónicos, hoy en día, es probable que el tribunal reconozca la validez del código que hace cumplir los términos del contrato inteligente, y lo clasifique como un contrato inteligente auxiliar. Sin embargo, un precedente también muestra que sólo los contratos de código inteligente pueden disfrutar de una protección legal similar. Por lo tanto, el reto de la adopción generalizada de los contratos inteligentes puede no estar relacionado con las restricciones legales, sino con los posibles conflictos entre el funcionamiento de los códigos de los contratos inteligentes y la forma en que las partes realizan las transacciones comerciales. A continuación se exponen algunos de los retos.

Un gran reto para la creciente adopción de los contratos inteligentes es que todas las partes tendrán que recurrir a expertos técnicos de confianza para acceder al acuerdo de las partes en el código o confirmar que el código escrito por un tercero es preciso. Aunque algunas personas comparan esto con la contratación de un abogado para que explique la "jerga legal" de los contratos tradicionales basados en texto, este tipo de comparación es errónea. Las personas que no son abogados suelen entender los acuerdos cortos y muchos de los términos de los acuerdos más largos, especialmente los que establecen condiciones comerciales. Pero una persona que no sea programadora no puede entender ni siquiera el contrato inteligente más básico, por lo que se necesita un experto que explique lo que "dice" el contrato.

Hasta cierto punto, la incapacidad de las partes del contrato para entender el código del contrato inteligente no se convertirá en un obstáculo para firmar el acuerdo del código del talón. Para muchas funciones básicas, se pueden crear plantillas de texto y utilizarlas para indicar qué parámetros deben introducirse y cómo ejecutarlos. Por ejemplo, supongamos que hay una función simple de contrato inteligente. Si el pago definido no se recibe antes de una fecha determinada, retirará la cuota de retraso del monedero de la contraparte. La plantilla de texto puede requerir que las partes introduzcan el importe del pago previsto, la fecha de vencimiento y el número de cargos por retraso. Sin embargo, es posible que una de las partes quiera confirmar que el código posterior realiza las funciones especificadas en el texto. No hay condiciones o parámetros adicionales, especialmente cuando la plantilla no es responsable de la exactitud del código detrás. Esta revisión requerirá una tercera parte de confianza con experiencia en programación.

Si no se ha realizado dicha plantilla y es necesario desarrollar un nuevo código, cada parte debe comunicar la intención de su acuerdo al programador. Limitarse a dar a ese programador una copia del acuerdo legal es ineficaz porque requiere que el programador descifre un documento legal. Por lo tanto, las partes que dependen de los contratos inteligentes auxiliares pueden necesitar escribir una "lista de términos" separada para las funciones para realizar el contrato inteligente, que puede ser proporcionada a los programadores.

Las partes también pueden querer una representación escrita del programador de que el código funciona como se espera. La conclusión es que para los acuerdos personalizados que no se basan en plantillas existentes, las partes pueden necesitar firmar un acuerdo por escrito con el programador del contrato inteligente, que es diferente del contrato que cada parte puede firmar con un proveedor de servicios. El intercambio electrónico de datos actual (transacción EDI).

Las compañías de seguros pueden formular pólizas para proteger a las partes contratantes del riesgo de que el código del contrato inteligente no realice las funciones especificadas en el texto del acuerdo previamente escrito. Aunque las partes también quieren revisar el código o hacer que un tercero lo haga, el seguro puede proporcionar una protección adicional, ya que las partes pueden pasar por alto errores al revisar el código. Ambas partes también pueden obtener una comodidad adicional porque la compañía de seguros puede llevar a cabo su auditoría del código antes de aceptar asegurar el código. Los contratos inteligentes de sólo código para las transacciones entre empresas y consumidores pueden traer varias cuestiones adicionales que deben ser resueltas. Por ejemplo, supongamos que el consumidor no recibe una notificación suficiente sobre los términos del acuerdo. En ese caso, el tribunal es cauteloso a la hora de aplicar el acuerdo y puede dudar en ejecutar el contrato inteligente porque el consumidor no ha obtenido el acuerdo de texto básico que contiene el texto completo.

Por último, dado que la validez o la ejecución de los contratos inteligentes es cada vez más juzgada, el tribunal puede necesitar un sistema de expertos designados por el tribunal para ayudarles a descifrar el significado y la intención del código. Cuando las cuestiones técnicas están en el centro de las controversias, las partes suelen recurrir a sus expertos. Aunque los tribunales federales y muchos estatales pueden designar a sus expertos, rara vez ejercen esta facultad. Si aumenta el número de controversias sobre contratos estándar que se centran en la interpretación de los códigos de los contratos inteligentes, es posible que este enfoque deba cambiar.

Muchos casos de uso propuestos por los contratos inteligentes suponen que éstos recibirán información o parámetros de recursos que no están en la propia cadena de bloques (los llamados recursos fuera de la cadena). Por ejemplo, supongamos que un contrato inteligente de seguro de cosechas está programado para transferir valor al asegurado siempre que la temperatura descienda por debajo de los 32 grados. El contrato inteligente necesita recibir datos de temperatura de una fuente acordada. Esto plantea dos cuestiones. En primer lugar, los contratos inteligentes no pueden extraer datos de recursos fuera de la cadena;

En cambio, la información debe ser "empujada" al contrato inteligente. En segundo lugar, si los datos en cuestión cambian constantemente, y debido a que el código se replica entre múltiples nodos de la red, diferentes nodos pueden recibir información diferente, incluso si están separados por unos pocos segundos. En nuestro ejemplo, el Nodo1 puede recibir un mensaje de que la temperatura es de 31,9 grados, y el Nodo2 puede recibir un mensaje de que la temperatura es de 32 grados. Como la verificación de las transacciones requiere un consenso entre los nodos, esta fluctuación puede hacer que las condiciones se consideren "no cumplidas".

Las partes contratantes podrán resolver este dilema utilizando los llamados "oráculos". Los oráculos son terceros de confianza que recuperan información fuera de la cadena y luego la envían a la cadena de bloques en un momento predeterminado. En el ejemplo anterior, el oráculo controlará la temperatura diaria, determinará que se ha producido un evento de congelación y luego enviará esta información al contrato inteligente.

Aunque el oráculo proporciona una solución elegante para acceder a los recursos fuera de la cadena, el proceso añade otra parte. Cada parte debe firmar un contrato con esa parte para que el contrato inteligente sea efectivo, lo que diluye la descentralización del contrato inteligente con cierta ventaja de extensión. También introduce posibles "puntos de fallo". Por ejemplo, el oráculo puede encontrar fallos en el sistema, no enviar la información necesaria, proporcionar datos erróneos o directamente dejar de funcionar. Los contratos inteligentes deben tener en cuenta estas posibilidades antes de poder ser adoptados de forma generalizada.

Al analizar los contratos tradicionales basados en texto, el tribunal revisará los documentos escritos finales acordados por ambas partes para determinar si las partes han cumplido el contrato o lo han incumplido. El tribunal lleva mucho tiempo haciendo hincapié en que es este acuerdo final el que representa la intención común de ambas partes: "unánime".

En el caso de un contrato inteligente de código puro, el código ejecutado y su resultado son la única prueba objetiva de que ambas partes están de acuerdo con los términos. En estos casos, los intercambios de correos electrónicos entre las dos partes sobre las funciones que el contrato inteligente "debería" realizar o las discusiones orales al respecto pueden permitir que la línea final de código sea la manifestación decisiva de las intenciones de las partes.

En cuanto a los contratos inteligentes auxiliares, el tribunal puede tratar el texto y el código como un único acuerdo unificado. Cuando el protocolo de texto tradicional y el código no están alineados, el problema se complica. En el ejemplo del seguro de cosechas descrito anteriormente, se supone que el texto del acuerdo especifica que el pago del seguro se realizará si la temperatura es inferior a 32 grados. Si la temperatura es igual o inferior a 32 grados, el código del contrato activa inteligentemente el pago. Suponiendo que el texto del acuerdo no indique si se controla el texto o el código para detectar incoherencias, el tribunal tendrá que determinar, quizá en cada caso, si el código debe tratarse como una modificación de mutuo acuerdo del acuerdo escrito o debe ser un acuerdo. El texto prevalecerá. En algunos aspectos, el análisis no debería ser diferente del caso en el que los términos del acuerdo principal son diferentes de los reflejados en la lista o el apéndice. En este caso, el conflicto será entre el texto y el código informático y no entre dos documentos de texto. Este hecho no debería ser decisivo, pero el tribunal puede tener una opinión diferente.

Una solución es permitir a las partes utilizar contratos basados en texto, en los que los parámetros que desencadenan la ejecución del contrato inteligente no sólo son visibles en el texto, sino que también completan el contrato inteligente. En el ejemplo dado anteriormente, "menos de 32 grados" no sólo aparecerá en el texto, sino que también generará parámetros en el propio contrato inteligente, minimizando la posibilidad de incoherencias. Uno de los atributos clave de los contratos inteligentes es que pueden ejecutar transacciones de forma automática e implacable sin intervención humana. Sin embargo, con esta automatización y el hecho de que los contratos inteligentes no pueden modificarse o rescindirse fácilmente a menos que las partes añadan estas características en el proceso de creación del contrato inteligente, la adopción generalizada de los contratos inteligentes se enfrenta a algunos de los mayores desafíos.

Por ejemplo, con los contratos textuales tradicionales, una parte puede perdonar fácilmente un incumplimiento de contrato al no aplicar las sanciones disponibles. Supongamos que el pago de un cliente importante se retrasa un mes. En ese caso, el proveedor puede tomar la decisión en tiempo real de que mantener una relación comercial a largo plazo es más importante que cualquier derecho de rescisión disponible o las multas por retraso. Sin embargo, si esta relación se simplifica a un contrato inteligente, puede que no haya opción de ejecutar el acuerdo temporalmente. El retraso en el pago dará lugar a la deducción automática de las tasas de retraso en la cuenta del cliente o a la suspensión del acceso del cliente al programa de software o al dispositivo conectado a Internet (si el contrato inteligente ha sido programado para ello). Por lo tanto, la ejecución automática proporcionada por los contratos inteligentes puede no ser coherente con la forma en que muchas empresas operan en el mundo real.

Sin embargo, en una relación contractual basada en el texto, una de las partes puede estar dispuesta a aceptar que, de forma puntual, la ejecución parcial del contrato inteligente se considere una ejecución completa. Esto puede ser en beneficio de mantener una relación a largo plazo o porque una de las partes determina que el cumplimiento parcial es preferible al incumplimiento. Del mismo modo, la objetividad exigida por el código del contrato inteligente puede no reflejar la interacción real entre las partes.

Hasta ahora, no hay una forma sencilla de modificar los contratos inteligentes, lo que supone ciertos retos para las partes. Por ejemplo, en un contrato tradicional basado en texto, si ambas partes se ponen de acuerdo para cambiar los parámetros de su acuerdo comercial, o si la ley cambia, ambas partes pueden redactar rápidamente enmiendas para hacer frente al cambio o simplemente cambiar de rumbo. El comportamiento de. Los contratos inteligentes no ofrecen actualmente esta flexibilidad. Además, dado que la cadena de bloques es inmutable, hacer modificaciones en los contratos inteligentes es mucho más complicado que hacer lo mismo con un código de software estándar que no existe en la cadena de bloques. El resultado es que la modificación de los contratos inteligentes dará lugar a costes de transacción más elevados que la modificación de los contratos basados en texto y aumentará el margen de error de que las partes no puedan reflejar con precisión las modificaciones que desean realizar.

Existen retos similares a la hora de rescindir los contratos inteligentes. Por ejemplo, supongamos que una de las partes descubre que un error en el acuerdo otorga a la otra parte más derechos de los esperados o concluye que el cumplimiento de sus obligaciones será mucho más caro de lo previsto. En un contrato basado en texto, una parte puede participar o amenazar con el llamado "incumplimiento efectivo del contrato", es decir, si se determina que el coste del cumplimiento es superior a la pérdida que debería soportar, incumplirá deliberadamente el contrato y pagará la pérdida resultante. Además, al interrumpir el cumplimiento o amenazar con tomar esta medida, una de las partes puede hacer que la otra vuelva a la mesa de negociaciones para negociar una solución amistosa. Los contratos inteligentes aún no han proporcionado soluciones similares de autoservicio. En la actualidad hay

4.444 proyectos en marcha para crear contratos inteligentes que puedan rescindirse en cualquier momento y sean más fáciles de modificar.

Sin embargo, en algunos aspectos, esto va en contra de la naturaleza automatizada y la inmutabilidad de los contratos inteligentes. Refleja que los contratos inteligentes sólo serán reconocidos comercialmente cuando reflejen la realidad comercial del comportamiento de las partes.

8.3 ¿Cómo beneficiarse de los contratos inteligentes y dónde aplicarlos?

Los contratos inteligentes aportan muchos beneficios al proceso, y estos beneficios serán diferentes de los procesos que utilizan tecnología anticuada. Algunos de los beneficios más comunes son los siguientes:

- Se ejecutan más rápido - El proceso que más se ejecuta es el actual proceso manual por lo que el aumento de velocidad será evidente.

- Seguridad - Los contratos inteligentes utilizan la encriptación a nivel de blockchain. Esta técnica es la más segura.

- Menor coste - No hay intermediarios ni costes en el proceso de ejecución.

- Precisión - No hay intervención humana en el proceso de ejecución. La transacción completa no es propensa a errores.

- Sin riesgo de ejecución - El proceso se ejecuta en una arquitectura descentralizada apoyada por nodos de la red en lugar de una parte centralizada.

Estas ventajas combinadas hacen de los contratos inteligentes una herramienta muy fiable, que ofrece una protección y seguridad completas a quienes los utilizan.

Esta tecnología puede tener un gran impacto en muchos negocios, como las organizaciones de servicios financieros, donde el fraude es un gran problema. Aquí, los abogados o cualquier tipo de intermediarios pueden ser eliminados mediante el uso de contratos inteligentes para llegar a un acuerdo entre las partes. Esto reducirá los costes y hará que el contrato sea más seguro.

Los préstamos hipotecarios son otro ámbito que puede beneficiarse de esta tecnología. En este caso, el acuerdo entre las partes y todos los atributos de la hipoteca pueden aplicarse desde el contrato inteligente, eliminando de nuevo los intermediarios y reduciendo los costes.

Además, la cadena de suministro puede ser más transparente. Los contratos inteligentes pueden rastrear cualquier paquete de forma completamente precisa y automática en cualquier momento. En combinación con los dispositivos IoT, hay mucho margen de mejora en la logística.

Diferentes organizaciones recopilan simultáneamente identidades digitales, información financiera, información de contacto y cualquier otro dato personal. Sin embargo, duplicar estos datos puede ser un inconveniente para estas entidades, ya que es más práctico que los datos se recojan una sola vez y luego se reutilicen. Los contratos inteligentes pueden resolver este problema concentrando toda esta información en un solo lugar. Cualquier cambio puede actualizarse inmediatamente en la blockchain para que los datos sean siempre precisos y fácilmente accesibles. Esto proporcionará un mecanismo para identificar a las personas de cualquier organización que, en última instancia, lo necesite.

En el ámbito de los seguros, los dispositivos IoT podrán proporcionar detalles precisos de cualquier reclamación, por lo que los datos almacenados en la blockchain estarán disponibles para una respuesta inmediata y la aprobación automática del pago.

Los autores y los derechos de propiedad intelectual también pueden beneficiarse de los contratos inteligentes. Por ejemplo, el registro de obras intelectuales en la blockchain garantizará la autoría y permitirá al autor recibir un reembolso por su uso de forma automática.

El historial médico del paciente y las recetas de medicamentos pasadas y actuales pueden almacenarse en la blockchain del sistema sanitario. Esto permite difundir la información desde el hospital o cualquier organización, y la compañía de seguros puede verificarla al instante para realizar los pagos necesarios.

PROTOCOLOS DE CONSENSO EN BLOCKCHAIN

9.1 ¿Qué son los protocolos de consenso?

Ya deberías saber que blockchain es una red distribuida y descentralizada que proporciona inmutabilidad, privacidad, seguridad y transparencia. No existe una autoridad central para verificar y comprobar las transacciones, pero cada transacción en la blockchain se considera completamente segura y verificada. Esto se debe únicamente al protocolo de consenso, que es la parte central de cualquier red blockchain.

El algoritmo de consenso es un proceso mediante el cual todos los pares de la red blockchain llegan a un consenso sobre el estado actual del libro de contabilidad distribuido. De este modo, el algoritmo de consenso logra la fiabilidad en la red de blockchain y establece la confianza entre pares desconocidos en un entorno informático distribuido. En esencia, el protocolo de consenso garantiza que cada nuevo bloque añadido a la cadena de bloques es la única versión verdadera con la que todos los nodos de la cadena de bloques están de acuerdo.

El acuerdo de consenso de la blockchain incluye objetivos específicos como llegar a un acuerdo, colaboración, cooperación, igualdad de derechos de cada nodo y participación obligatoria de cada nodo en el proceso de consenso. Por lo tanto, el algoritmo de consenso tiene como objetivo encontrar un acuerdo común que sea beneficioso para toda la red.

9.2 ¿Cuáles son los tipos de protocolos de consenso? Ventajas y desventajas La tecnología detrás de blockchain permite verificar las transacciones utilizando una función hash criptográfica. Una función hash es una función especial que genera un valor único para una sola entrada. El supuesto básico es que el registro con más nodos es probablemente el menos propenso a errores.

El protocolo de consenso forma la espina dorsal de la cadena de bloques ayudando a todos los nodos de la red a verificar las transacciones. Sin embargo, Bitcoin utiliza Proof of Work (PoW) como protocolo de consenso, que consume mucha energía y tiempo. Además, en comparación con Visa y MasterCard, la velocidad de verificación de las transacciones de Bitcoin es relativamente lenta. Por ello, se propuso un protocolo de consenso alternativo.

Todas las criptomonedas y otras aplicaciones de blockchain, también llamadas aplicaciones descentralizadas (dApps), difieren en cómo la red alcanza el consenso. Las DApps utilizan redes informáticas peer-to-peer (P2P) en lugar de nodos o servidores centrales. Otro aspecto de las dApps es la falta de autoridad centralizada. La mayoría de las aplicaciones estándar que utilizamos hoy en día están gestionadas por personas o empresas que definen las condiciones de uso. Las DApps son un paso hacia la creación de un sistema descentralizado a gran escala.

Antes de hablar del protocolo de consenso, examinemos un hecho estadístico relacionado con el mismo. En teoría, si un hacker consigue acceder al 51% o más de la red, se considera que la blockchain está comprometida. Varios protocolos de consenso resuelven el problema del ataque del 51% de diversas maneras.

- Prueba de trabajo La prueba de trabajo es uno de los protocolos de consenso iniciales que se utilizó en las aplicaciones de blockchain. Se basa en el cálculo del valor hash y la verificación de la transacción hasta que se encuentra un número específico de ceros al final del valor hash. El número que genera un hash con un número específico de ceros al final se llama número aleatorio. Un número aleatorio se define como la generación de un número específico de ceros al final de la función hash.

- Propiedades de la prueba de trabajo La prueba de trabajo está diseñada para un libro mayor público sin permiso y utiliza los recursos informáticos del sistema en el nodo para alcanzar un consenso.

Los bloques se representan en una estructura lineal. Así, cada bloque representa un grupo de transacciones.

La minería de Bitcoin resuelve el problema de encriptación de encontrar enteros aleatorios, que darán como resultado un hash con un cierto número de ceros a la izquierda.

Cada transacción es verificada y firmada utilizando las claves públicas y privadas asignadas a cada usuario.

- Desventajas de Proof of Work Proof of Work resulta ser un protocolo que consume mucha energía y requiere muchos recursos. En comparación con los protocolos relativamente eficientes, este protocolo gasta mucha potencia de cálculo y energía para resolver problemas criptográficos.

Bitcoin y Litecoin son dos criptomonedas muy conocidas que utilizan la prueba de trabajo. Por desgracia, son algoritmos que consumen mucha energía. Las ideas que subyacen al alto coste computacional de dichas transacciones y al bajo coste de verificación de las mismas son las siguientes

La asimetría entre la verificación y la actualización del libro mayor conduce a un acceso más fácil al libro mayor y a una mayor resistencia a los cambios en el valor del libro mayor. Sin embargo, la asimetría también es una desventaja. El algoritmo Proof of Work requiere mucha potencia y recursos. Además, los pequeños participantes con menos recursos son castigados por menos recursos, logrando así la descentralización.

- Proof of Stake Ethereum es una de las mayores criptomonedas que ha decidido cambiar a Proof of Stake Consensus. Veamos este ejemplo un poco más allá y con más detalle. Supongamos que somos mineros y verificamos las transacciones realizadas. En Bitcoin, una persona verifica una transacción calculando un valor hash con un determinado número de ceros a la izquierda, obteniendo así el número de Bitcoins asignados.

En la prueba de consenso de participación, se selecciona al verificador y se le asigna un bloque. Los mineros deben asignar una parte específica de su criptomoneda para comenzar la verificación. Si el minero consigue invalidar la transacción, la recompensa es la parte que prometió inicialmente y ciertas tasas de transacción. Esta es una forma de castigar el mal comportamiento y motivar el buen comportamiento.

- Las propiedades de los verificadores de Proof of Stake se seleccionan en función de sus intereses financieros en la red. El objetivo de la red es evitar la centralización de los centros de minería y proporcionar oportunidades de verificación a todos los mineros.

Es respetuoso con el medio ambiente porque no hay problemas de cálculo que resolver, y no requiere un hardware de minería especial.

- Desventajas En Proof of Stake, en comparación con el 51% en Proof of Work, el atacante necesita poseer más del 50% de la moneda para controlar la red.

Un posible ataque a una red basada en el consenso Proof of Stake es un ataque de soborno. Esto ocurre cuando el atacante invierte la transacción de la víctima y soborna al minero para que confirme la transacción.

- Proof of Space Proof of Space, también conocido como PoSpace, es un protocolo de consenso de red similar al protocolo de consenso Proof of Work. Sin embargo, PoSpace no utiliza recursos informáticos, sino que utiliza el almacenamiento en disco para verificar las transacciones.

PoSpace consume espacio en disco e incentiva a los mineros por el máximo espacio en disco asignado al pool. Esta estructura de datos se implementa mediante gráficos difíciles de imitar y se utiliza para resolver el juego de los adoquines. Sólo cuando todos los vértices principales han sido adoquinados, el conjunto de adoquines está formado por los vértices de guijarros de la imagen.

La palabra "guijarros" se refiere al almacenamiento del valor hash de los padres. La eliminación de los guijarros suele referirse a la liberación de memoria. Todas las soluciones factibles a los problemas se generan aleatoriamente y se denominan grafos. Estos grafos se almacenan en el disco y se resuelven mediante un algoritmo llamado algoritmo Shabal. Una vez calculada la solución, los mineros compararán sus soluciones, y la solución con la mejor complejidad de tiempo y espacio será recompensada para el siguiente bloque.

. . .

- Desventajas de la prueba de espacio Este acuerdo de consenso vuelve a beneficiar a los mineros que tienen más espacio. Sin embargo, tiene un sesgo de recursos, por lo que los mineros con menos espacio no pueden participar activamente. Este es un problema que va en contra del concepto de descentralización que hemos mencionado anteriormente.

Burstcoin es una criptodivisa descentralizada construida utilizando PoSpace. La propuesta de valor es ayudar al sistema de pagos. SpaceMint es otro ejemplo en la etapa de concepto temprano.

- Proof of Elapsed time Proof of Elapsed Time es un protocolo de consenso de red desarrollado por Intel Corporation. Este algoritmo se utiliza principalmente para los libros de contabilidad de blockchain autorizados. Por lo tanto, el hardware utilizado en PoET está especialmente diseñado para este protocolo. Por ejemplo, Intel Software Guard Extensions (SGX) se utiliza para las redes que utilizan PoET.

Este protocolo de consenso se utiliza para asignar bloques a los mineros de la red. En un sistema de blockchain autorizado, la identidad del minero se determina antes de permitir el acceso a la red. Por lo tanto, el anonimato no es una característica del protocolo. A cada nodo de la red se le asigna un tiempo de espera aleatorio. El primer nodo que completa el ciclo de selección aleatoria verifica el nuevo bloque. El hardware dedicado pone el procesador en reposo cuando se agota el tiempo de espera; esto se repite en todos los bloques de la red.

- Desventajas de la prueba del tiempo transcurrido La principal desventaja de este algoritmo es que depende de un hardware especializado. Además, debido a la falta de protocolos estandarizados y probados, se expone a diversas vulnerabilidades de seguridad.

IBM Hyperledger Sawtooth admite el mecanismo PoET para desarrollar aplicaciones de blockchain personalizadas.

EL FUTURO DE LAS CRIPTOMONEDAS

Los futuros avances tecnológicos pueden ayudar a que se pierdan todas las carteras de inversión cifradas, ya que los fallos informáticos borrarán la información, incluidas las carteras cifradas. Otra forma de ayudar es la de los hackers, que pueden acabar con todos los activos a la vez. Los avances también facilitan el acceso a todos y lo hacen más comprensible e inclusivo para todos.

Algunas empresas han aceptado el cifrado como método de pago, lo que ha aumentado su aceptación. La creciente aceptación de las empresas empujará a más personas a utilizarlo y, con la aparición de nuevas tecnologías, será más fácil usar la tecnología. Blockchain se utiliza incluso no sólo para las criptomonedas, sino también para las industrias de los seguros, la tecnología financiera y la medicina. Una mayor aceptación significa que la tecnología puede resolver más problemas en nuestra vida cotidiana.

Los gobiernos han comenzado a crear su criptodivisa o como una forma de entrar en la revolución tecnológica, y muchos países ya han introducido muchas regulaciones para controlar su uso, lo que hace que sea más legal como moneda para las empresas y los individuos verán más regulaciones y acelerará el uso de la criptodivisa en las actividades diarias.

Parte de poseer una moneda es su seguridad, y la criptodivisa es muy segura. El blockchain nunca ha sido hackeado y es de código abierto, lo que demuestra su nivel de seguridad. La única forma en que las criptomonedas pueden ser hackeadas es si las empresas del ecosistema tienen vulnerabilidades en sus sitios web, y la información vinculada puede ser utilizada para hackear las billeteras. Aun así, en general, las criptodivisas están ampliamente protegidas y pueden utilizarse durante mucho tiempo.

Empezaremos a ver nuevos modelos de gobernanza que permitirán a los grandes y diversos consorcios resolver con mayor eficacia la toma de decisiones, los programas de licencias e incluso las cuestiones de pago. Estos modelos ayudarán a estandarizar la información procedente de diferentes fuentes y a capturar nuevos y más potentes conjuntos de datos. El 68% de los CTOs y CIOs incluso esperan ver un modelo de gobierno escalable que interactúe a través de múltiples redes blockchain como una característica importante del entorno blockchain de su organización en los próximos uno a tres años.

Aunque puede llevar años alcanzar el máximo grado de interconectividad -la definición de interoperabilidad puede adoptar muchas formas-, el 83% de las organizaciones cree hoy que la interconexión puede garantizarse Gobernanza y normas El género y la interoperabilidad se han convertido en un factor importante para unirse a la red de blockchain de todo el sector en redes de blockchain con y sin licencia. Más de una quinta parte cree que esto es esencial. Aunque todavía queda trabajo por hacer en este ámbito, este año, a medida que más redes emergentes alcancen la masa crítica, nos encontraremos con que más miembros de una misma red esperarán (si no necesitan) orientación sobre la integración entre diferentes protocolos.

La combinación de tecnologías adyacentes con blockchain nos ayudará a hacer cosas que no se han hecho antes. Los datos más creíbles de la cadena de bloques informarán mejor y reforzarán los algoritmos subyacentes. Además, blockchain ayudará a garantizar la seguridad de los datos y a auditar cada paso del proceso de toma de decisiones, permitiendo una información más precisa impulsada por los datos en los que confían los participantes de la red.

Con la creciente exigencia de mecanismos de protección de datos más fuertes, las soluciones de blockchain comenzarán a utilizar herramientas de verificación y anclajes de encriptación, balizas IoT y oráculos. Estos mecanismos combinan activos digitales con activos físicos que están vinculados a la inyección de datos externos en la red. Esto aumentará la confianza y eliminará la dependencia de la introducción manual de datos, a menudo propensa a errores y fraudes.

. . .

A medida que los países de Asia, Oriente Medio y el Caribe comienzan a experimentar con las monedas digitales de los bancos centrales (o CBDC, por sus siglas en inglés) en tiempo real, no cabe duda de que redefinirán nuevas y múltiples formas de pago. Por un lado, la CBDC verá una continua expansión de las CDBC al por mayor, y se harán algunos intentos iniciales en las CBDC al por menor. Por otro lado, encontramos que aumentará el interés por la tokenización y digitalización de otros tipos de activos y valores (como los bonos del Tesoro y los bonos centrales).

EPÍLOGO

Con este capítulo, por fin ha llegado el momento de concluir el contenido de este libro y, con suerte, ayudarle a iniciar su viaje en el vasto y siempre desarrollado mundo de Blockchain.

Empezando por lo más básico, como lo que es Blockchain, la tecnología que hay detrás, la historia de las distintas criptodivisas y sus distintos usos, luego cómo las criptodivisas y Blockchain revolucionan la economía mundial. A continuación, hablamos de cómo se pueden minar las criptodivisas, su proceso y la tecnología necesaria. Después, pasamos al Bitcoin, la criptodivisa más popular del mercado con diferencia, cómo está diseñada, la ideología y el estatus legal, y cómo invertir en ella. Siguiendo de cerca a Bitcoin está Ethereum - la segunda criptodivisa más popular del mercado. Hablamos de la historia, las diferencias entre ella y Bitcoin, cómo funciona y cómo invertir en ella adecuadamente. También hemos repasado Blockchain Gaming - un tema de reciente aparición y muy prominente a nivel mundial, más específicamente lo que es, ejemplos de ello, y cómo ha revolucionado los juegos en su conjunto. También hemos cubierto el funcionamiento de los Contratos Inteligentes, las legalidades detrás de ellos, lo que son los Protocolos de Consenso, y finalmente, repasamos los NFTs - uno de los avances más recientes en Blockchain. Y por último, repasamos el futuro potencial de las criptomonedas y qué tipo de efectos pueden tener o no en ciertas esferas del mundo.

. . .

Es de gran importancia que no veas este libro como tu única fuente de orientación y conocimiento que seguirás todo el tiempo, ya que con cada día que pasa, se hacen más y más desarrollos, lo que significa que siempre puedes encontrar más orientación en internet, o a través de otras personas. Por lo tanto, siempre investigue adecuadamente sobre cada tema junto con la información de este libro, ya que nunca es malo tener información adicional, especialmente cuando las cosas cambian a cada momento.

Con todo esto en mente, nos gustaría expresar nuestra más profunda gratitud a usted, el lector, por elegir este libro específicamente como su guía hacia su viaje en el mundo de Blockchain. Te agradeceríamos que dedicaras parte de tu tiempo libre a valorar positivamente el libro, ya que con ello permites que el libro llegue a más gente, lo que hace que más personas tengan la información sobre cómo iniciarse en Blockchain, como tú.

www.ingramcontent.com/pod-product-compliance
Lightning Source LLC
LaVergne TN
LVHW060304051026
849517LV00003B/957
* 9 7 9 8 2 0 1 2 8 7 5 3 5 *